AF358517

*Diseño y composición:* Gerardo Miño
*Edición:* Primera, Junio de 2023
*Lugar de composición:* Suipacha, Pcia. de Buenos Aires
*Lugar de impresión:* Barcelona / Buenos Aires

*ISBN:* 978-84-19830-18-0
*E-ISBN:* 978-84-19830-19-7
*Depótiso Legal:* M-18856-2023

© 2023, Miño y Dávila srl / Miño y Dávila editores SL

*Código Thema:* AGB [Individual artists, art monographs]
QDHH [Humanist philosophy]
QDTJ [Philosophy: metaphysics & ontology]
AGA [History of art]
*Código BISAC:* ART016020 [Individual Artists / Essays]
PHI046000 [Individual Philosophers]
PHI013000 [Metaphysics]
ART015080 [History / Renaissance]

colección
**BFV** ■ Biblioteca de la Filosofía Venidera
dirigida por Fabián Ludueña Romandini

Esta colección quiere abarcar en su espíritu obras que, como quería Walter Benjamin, intenten reflejar no tanto a su autor sino más bien a la dinastía a la cual éstas pertenecen. Dinastías que otorguen los instrumentos para una filosofía por-venir donde lo venidero no sea sólo una categoría de lo futuro sino que también abarque lo pasado, suspendiendo la concepción moderna del tiempo cronológico a favor de una impureza temporal en cuyo caudal pueda tener lugar la emergencia de un pensamiento inactual e intempestivo, capaz de mostrar la potencia filosófica oculta en todas las tradiciones del conocimiento. Filosofía, entonces, como el arte de la fabricación de nuevos conceptos, donde la novedad es siempre entendida tomando en cuenta su anacronismo fundamental y su perpetua inclinación a la polémica.

Foro Bitácora
de la BFV

Colección
de la BFV

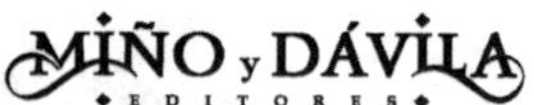

**MIÑO y DÁVILA**
◆ E D I T O R E S ◆

*Página web:* www.minoydavila.com
*Facebook:* http://www.facebook.com/MinoyDavila
*Mail producción:* produccion@minoydavila.com
*Mail administración:* info@minoydavila.com
*Oficinas:* Tacuarí 540
(C1071AAL), Buenos Aires, Argentina.
tel-fax: (54 11) 4331-1565

FABIÁN LUDUEÑA ROMANDINI

# *Leonardo da Vinci, filósofo del futuro.*

## ONTOLOGÍA ANALÉPTICA II

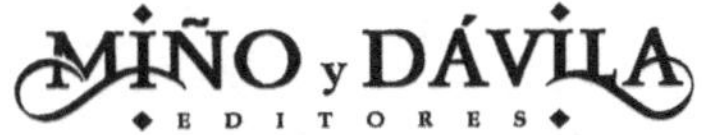


MIÑO y DÁVILA
EDITORES

Para Elsa Clara Dávila

# Índice

FABIÁN LUDUEÑA ROMANDINI

# Leonardo da Vinci, filósofo del futuro.

## Ontología analéptica II

BFV ▪ Biblioteca de la Filosofía Venidera

"Quedaron atrás canales, góndolas y puentes, palacios góticos, genialidades de un Leonardo Da Vinci casi irreal, y máscaras ornamentadas con plumas, perlas y encajes, legado de un carnaval sin época".

Elsa Clara Dávila, *El cofre de ébano. Cuentos constelados*, 2022: 38.

"Sus contemporáneos pensaban que [Leonardo] estaba en posesión de una sabiduría sacrílega y misteriosa".

Walter Pater, *Notes on Leonardo Da Vinci*, 1869.

"surgen así esos seres superiores a toda ponderación (*Unfassbaren*) e inimaginables (*Unausdenklichen*), esos hombres enigmáticos (*Räthselmenschen*) predestinados a la victoria (*Siege*) y a la seducción (*Verführung*), cuya expresión más admirable son Alcibíades y César [...] y entre los artistas tal vez Lionardo da Vinci.

Friedrich Nietzsche, *Jenseits von Gut und Böse*, 1988 (1886[a]): § 200.

"Así corresponde a su grande alma [en referencia Leonardo] en estado de sublime iluminación, la excelsitud del águila suspensa ante los confines ulteriores en el azul perfecto de la inmensidad".

Leopoldo Lugones, *Elogio de Leonardo*, 1925: 11

# Advertencia



## *Memorabilia*

Cuando, a finales del siglo pasado, el nuevo milenio se aproximaba con sus incertinidades, pero también con sus añoranzas no exentas de mesticia que el tiempo desestimaría cruelmente para los destinos del mundo, un grupo de estudiosos, conducidos con omniscia maestría por José Emilio Burucúa iniciaba un camino que, en la *Ultima Thule* rioplatense podía parecer una aventura quijotesca: un seminario sobre la vida y la obra de Leonardo da Vinci. Por entonces, Burucúa era el Vicedecano de la Facultad de Filosofía y Letras de la Universidad de Buenos Aires y las sesiones del seminario tenían lugar en la Sala del Consejo Directivo, en atardeceres de interminable concentración estudiosa, cuando las intermitencias de la actividad de la Facultad nos permitían el uso común de aquel espacio o su incandescente extensión hacia el Tesoro de la Biblioteca de la Facultad donde se conserva una invaluable edición diplomática de Leonardo cuyos secretos Burucúa descorría ante nosotros.

La osadía de Burucúa iba a la par de su incircunscripta sabiduría digna de las hipocrénides a la hora de revelar los detalles más insospechados de la obra de Leonardo. Por entonces eran pocos los prestantes asistentes, aunque la abrumadora mayoría pertenecía a la joven y floreciente generación de profesores e investigadores de la Facultad que, junto a sus respectivos discípulos que el tiempo se encargaría de hacer llegar, constituyen hoy la flor y nata de los estudios del Renacimiento en la Argentina. Con todo, había lugar, por la generosidad del anfitrión, para algún alumno de grado. Mi carácter inconcuso de aquel entonces, propio de todo estudiante de un ambiente que fomentaba las inclinaciones hacia una autonomía de la que, evidentemente, todavía carecía, así como mi ímpetu de curiosidad, me llevaron a frecuentar el seminario y a aprender de los doctos cuando todavía faltaba tiempo para que obtuviera mi título de grado.

Aun así, por aquel entonces era beneficiario de una beca de la selecta Fundación Antorchas para la iniciación en la investigación sobre el Renacimiento italiano. Fue entonces cuando la filóloga Elena Huber me persuadió, con su infatigable amor por la labor erudita, de iniciar un estudio pormenorizado del *Corpus Hermeticum* que terminaría decidiendo los rumbos futuros de mis estudios doctorales en Europa bajo la dirección del eminente Roger Chartier del *Collège de France* y el magisterio de François Hartog de la *École des Hautes Études en Sciences Sociales* de París, exquisito discípulo del restringido grupo de Jean-Pierre Vernant, helenista que hizo de los estudios clásicos un lugar de rigurosidad, innovación y libertad que hoy se ha tornado completamente vacante.

Por cierto, las becas de la Fundación Antorchas eran en extremo difíciles de obtener, pero luego la libertad máxima era otorgada pues existía todavía la fe en el otro: no había informes de control, evaluaciones de desempeño ni fomento de la *scientific paper obssession*, una morbilidad ética que comenzaría a desarrollarse con más vigor en estas tierras ya entrado el milenio. Entretanto, en el seminario se inquirían textos, se escudriñaban manuscritos, se examinaban imágenes con una acribia de la que sólo Burucúa podía hacer gala. Ciertamente, el seminario fue conducido bajo la égida

    FABIÁN LUDUEÑA ROMANDINI

de los dos Héctores, Schenone y Ciocchini, ambos pilares insoslayables de un recorrido que tenía como horizonte permanente la obra de Ángel Castellán.

Gracias a ellos y, desde luego, al propio Burucúa, Aby Warburg fue una presencia tutelar en el camino y, por intermedio del erudito de la *Kulturwissenschaft*, asimismo Jacob Burckhardt se hizo presente como maestro pues, como no podía ser de otro modo, "el cuadro que Burckhardt hizo del Renacimiento estaba impregnado de un entusiasmo admirativo que se propagó a varias generaciones de historiadores" (Burucúa, 2019: 7). Fruto de aquel seminario llamado a permanecer *in perpetuum* en el recuerdo, el propio Burucúa, con inmarcesible generosidad, me honró con la publicación, como parte de un apéndice de un voluminoso libro de su autoría que hizo época, de un ensayo sobre Leonardo donde pude dar cierto orden a un conjunto embrionario de ideas previamente inconcinas que, desde entonces, no han dejado de ser objeto de mi preocupación existencial (Ludueña Romandini, 2001: 567-579). Se podría decir que, con ese seminario, cristalizó definitivamente mi pasión por el Renacimiento europeo. De igual modo, Leonardo que fue mi vía regia a la Italia de aquel período, no ha dejado de ser la dulcinea de mis constantes desvelos, el auténtico guía de perplejos de un mundo al que luego no he podido abandonar jamás.

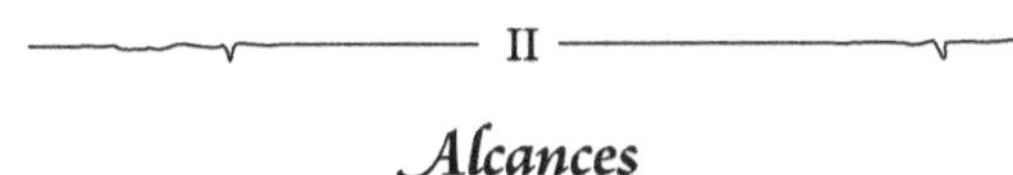

## II

## *Alcances*

El milenio trajo finalmente consigo la descomposición del mundo que, como candoroso estudiante, había sido mi territorio vivencial. El colapso civilizacional en curso obliga a mover la rueda del tiempo para volver sobre el inicio y meditar nuevamente sobre él a partir del desarraigo y la pobreza espiritual del tiempo presente. Ante los escombros, resulta imprescindible pensar en Leonardo como filósofo. Ciertamente, aunque las páginas que siguen arriesgan algunas interpretaciones nuevas sobre obras de Leonardo que, es nuestro anhelo, puedan suscitar bienhechoras resonancias entre los estudiosos, la matriz direccional es otra pues se trata de comprender en qué sentido y bajo qué lenguaje, la axiomática, sólo en apariencia fragmentaria, de la obra de Leonardo nos interpela a los seres hablantes que, en un ahora confuso, transitamos a ciegas hacia un mundo neotérico e inaudito.

Por tanto, nuestro análisis de diversos aspectos de la obra de Leonardo va desde el propósito de comprender qué significa una forma-de-vida hasta la sexuación, desde su concepción metafísica de la realidad, la naturaleza y el mundo de la técnica hasta sus proféticas prognosis teológico-políticas, sin soslayar su visión del apocalipsis que se yergue, imponente, sobre el conjunto de la civilización humana. De esta forma, buscaremos llevar adelante una pesquisa en la cual el objetivo último será indagar, entonces, qué es la filosofía para Leonardo y, sobre todo, otra pregunta que suele esquivarse cuando alguien se atreve a formular y escribir sobre la primera, es decir, qué es un filósofo y cuál es su *ethos* y su destino.

Entendemos que la concepción de Leonardo sobre el sentido de la filosofía y de la tarea del filósofo es de la más intemporal urgencia: en primer lugar, porque en su tiempo no fue comprendida sino apenas entrevista y, en segundo lugar, porque nuestra propia época aún no está preparada para asimilar las enseñanzas de Leonardo, pero puede ayudar a madurar los tiempos futuros en los que, quizá, esa misión sea relevada por otros seres hablantes capaces de dar el gran salto y la temeraria conversión etopoiética que Leonardo exige. Finalmente, la concepción global que Leonardo nos presenta

　　　　　　　　　　　FABIÁN LUDUEÑA ROMANDINI

puede poseer un nombre que, hasta ahora, no le ha sido asignado: aquí será el de materialismo analéptico.

Por ese motivo, el estudio del caso de Leonardo es un hito insoslayable en nuestra búsqueda por aprehender el sentido no sólo de su obra en cuanto tal, algo que sólo podemos intentar parcialmente, sino que, además, nos veremos inducidos a constituir su legado en un tránsito imprescindible para el camino que estamos desarrollando en el políptico que hemos bautizado bajo el nombre de "ontología analéptica" y del cual este volumen constituye su segunda parte. Tratar aquí a Leonardo en cuanto caso implica, entonces, conocerlo en su singularidad tanto como transpolar su valor a una generalización que nos permita comprender los problemas filosóficos mayores de los que da cuenta en cuanto tales.

Este libro descansa, en consecuencia, sobre el siguiente presupuesto: la proliferación de las interpretaciones sobre la obra de Leonardo llevadas adelante, con suerte diversa, por parte de las más variopintas ramas de las ahora extintas Humanidades, han vuelto demasiado cercano y familiar a buena parte del corpus del Vinciano. Como efecto adverso, lo ha tornado igualmente opaco. Resulta, por tanto, una tarea de redención heurística el devolverle la extrañeza de la mirada transtemporal que, desde la cronología que le es propia, nos permita interrogar no ya el presente sino las profecías de los eones por venir. No se trata, de este modo, de reencontrar un original imposible cuanto de recuperar la capacidad de majestad ante la obra de uno de los creadores más inclasificables que ha dado la atribulada historia de los seres humanos. En suma, se trata de hacer de Leonardo, en cierta forma, un nuevo desconocido para luego contradecir el *dictum* escolástico que reza "*ignoti nulla cupido*".

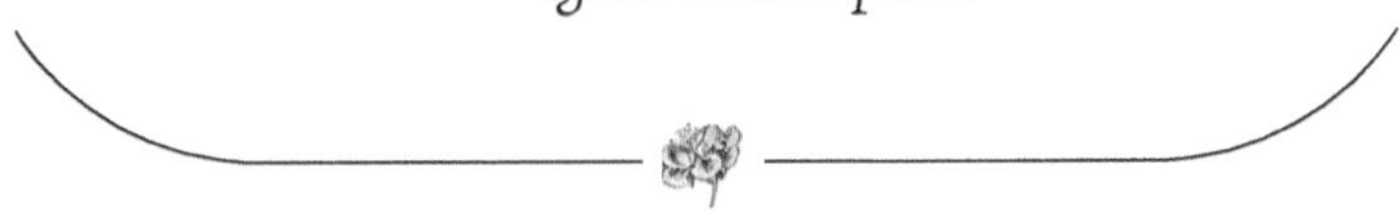

# Introoito

En remotos tiempos que hoy resultan completamente opacos para los seres hablantes del presente siglo, existió una humanidad entendida como *universitas*, es decir, como el cuerpo místico de un reino temporal sobre el cual velaba una ciudad divina. Se trataba de la *ecclesia universalis*. Otros la conocían como la *respublica generis humani*. Al menos desde Carlomagno en adelante, sus pilares parecían imbatibles y el *argumentum unitatis* irrefutable. La *Anunciación* de Rogier van der Weyden (hoy en la Pinacoteca antigua de Munich) o la Dalmática del Monasterio de Syon (hoy en el *Victoria and Albert Museum*) podían ser su encarnación figurada. El Ángel anuncia la llegada del Cristo como regente de un mundo jerárquico, un *ordo* escrupulosamente construido en torno a los esotéricos misterios de las Cruzadas del Grial.

El Domingo de Pascua del año 1146 Bernardo de Claraval tuvo el albur de esgrimir una prédica cerca del Santuario galo de Vézelay, en la Borgoña. Rememoró el sepulcro del Cristo muerto en la Cruz y de los infieles que lo retenían bajo su égida. Desgarró su hábito para convertirse en el heraldo de una nueva época que esperaba inundar con sangre el Oriente para hacer tronar el indómito grito en la prédica del Cruzado en Tierra Santa.

Con todo, Bernardo ignoraba que sus exaltados pronunciamientos, oscuramente, ya comenzaban a transformarse en los estertores de una época condenada a la extinción. El descenso de Bizancio para unirse al *páthos* arqueológico de la península itálica, produjo un cataclismo sin precedentes que, de manera fulminante, devastó los cimientos de la Edad Media. Al cataclismo se le asignaría oportunamente un nombre: Renacimiento. Los eruditos esfuerzos posteriores para intentar minimizar el impacto acuñando la idea de la existencia de "Renacimientos" previos eludían lo esencial: el plural marca aquí acontecimientos parciales, sin duda dignos de la mayor atención pero que pertenecen todavía al *Zeitgeist* del Medioevo. La prueba es que el singular Renacimiento se reserva para el evento epocal, único en su género, que acarrea una catástrofe para el mundo precedente.

Se suele abonar la creencia de que Leonardo da Vinci fue uno de los más destacados agentes de esa mutación. La presuposición, sin ser falsa, tampoco es verdadera. Otra cláusula la determina: Leonardo no era el vate más encumbrado del Renacimiento sino, al contrario, el profeta de los eones que, más allá de la propia Modernidad ahora también completamente liquidada, anunciaba una filosofía inédita para los habitantes de Gaia que aún no han nacido. Todavía los fatigados siglos aguardan la gestación del mundo y de las formas-de-vida que puedan hacer suyo el legado del Vinciano.

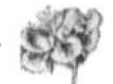

# Filosofía

Para Benedetto Croce la ciencia moderna se despega de la filosofía cuando desarrolla sus propios métodos de indagación de la naturaleza. De ese modo, la ciencia moderna entra en polémica contra "la filosofía usurpadora" y reacciona frente a la "arrogancia metafísica". Sólo un lugar queda vacante para la filosofía: la búsqueda de una "lógica del naturalismo" (Croce, 1910: 230). Sin embargo, si Leonardo fue un gran promotor directo de la ciencia moderna, estima Croce, en cambio "fue un promotor indirecto de la filosofía moderna" y, en consecuencia, "por metonimia, filósofo". De allí que Croce lance un estigma contra quien intente proclamar a Leonardo como filósofo *tout court*; realizar un gesto semejante haría las veces de "intercambiar la materia de la filosofía con la filosofía, la actividad particular con la teoría de la actividad, el hecho con la conciencia del hecho" (Croce, 1910: 231). Leonardo aparece así "extraño a ese modo de pensamiento [*estrano al quel modo di pensiero*]" puesto que no puede ser colocado en compañía de "Platón, de Aristóteles, de Plotino, de Agustín o de Tomás de Aquino" (Croce, 1910: 232).

El terreno propio de Leonardo sería así la mecánica, la física, la cosmografía, la anatomía a las que abordaría, preferencialmente, desde el punto de vista de la experiencia. En ese orden puede entonces hablarse, respecto de Leonardo, de un "filósofo natural" (Croce, 1910: 235-236) que reivindicaría "la virtud educativa de la biografía" (Croce, 1910: 255). En estos aspectos, la estela de Croce ha tenido larga fortuna pues las interpretaciones del pensamiento de Leonardo en tanto filósofo se han dado, a partir de considerarlo un filósofo natural nutrido especialmente de la experiencia (Troilo, 1954; Ghita, 1981: 357-367). En contrapartida, Giovanni Gentile intentó llevar adelante un rescate de Leonardo como filósofo aunque centrado en la vía expresiva de lo fragmentario, alejado de cualquier espíritu de sistematicidad: "su filosofía, en este sentido, no es un sistema, sino la actitud de su espíritu, o sea la idea, en la que se recostó aquel espíritu potente que fue el suyo, creador de un mundo de imágenes [*creatore d'un mondo di immagini*], humanas o naturales, pero todas igualmente expresivas de una rica y conmovida vida espiritual" (Gentile, 1919: 4).

El camino que habremos de transitar en este libro será, punto por punto, inverso al de Croce y más osado que el de Gentile, pues en primer lugar mostraremos cómo Leonardo fue un filósofo por derecho propio y no por derivación metonímica; en segundo lugar destacaremos que la particularidad de su filosofía debe entenderse según un doctrinal de los saberes que lo distingue, no solamente de la Antigüedad y de la Edad Media (aunque recurra a conocimientos de aquellos períodos) sino también de la filosofía propia del iluminismo posterior; finalmente, evidenciaremos que precisamente la biografía, en el caso de Leonardo, debe pensarse como un imposible absoluto que permite, a su vez, la contingencia de una vida que, hallando su forma, instituye su ciudadanía filosófica en sentido pleno del término.

En este contexto, no resulta poca evidencia a nuestro favor que el historiador de la ciencia Alexandre Koyré haya podido considerar a Leonardo como un "muy notable filósofo [*un très grand philosophe*]" más allá de sus indudables méritos en las ciencias naturales (Koyré,

                                              FABIÁN LUDUEÑA ROMANDINI

1973: 101) las cuales, no obstante, conviene situar históricamente en su arqueología medieval antes de precipitarse en un modernismo a ultranza sin que, por otra parte, esta constatación le quite valor alguno a la pujanza propiamente filosófica de Leonardo. Cabe resaltar, entonces, que el propio Vinciano se nutrió de ese pasado, como lo prueba el caso de Nicolás de Cusa (Duhem, 1906-1913: II, 165-169) o su preferencia por la escolástica parisina en lugar de la estela del averroísmo que rechazaba (Duhem, 1906-1913: III, 357) aun si todas estas tradiciones no llegaron, probablemente, a Leonardo de primera mano sino gracias a la mediación de los libros de divulgación en lengua vulgar (Koyré, 1973: 104).

En este camino, habremos de seguir a Koyré, pues la influencia medieval sobre Leonardo que Duhem supo destacar no debe impedirnos apreciar el nuevo doctrinal de los saberes que, introducidos por el Vinciano en el Renacimiento, contribuyeron, sin lugar a duda, al colapso del mundo medieval. De igual modo, no sólo debe sopesarse los conocimientos del Leonardo en las ciencias naturales sino también en las matemáticas (Marinoni, 1982). Este carácter filosófico de Leonardo lo distinguió con acuidad de los filósofos precedentes, en tanto y en cuanto le otorgó al arte la jerarquía de órgano de la filosofía, aspecto que resulta de igual o superior rango hermenéutico que descansar principalmente sobre los estudios del Vinciano sobre la ciencia (Jaspers, 1953).

El estudio de Emmanuel Berl es altamente decepcionante en el aspecto principal que pretende abordar, esto es, la figura de Leonardo como filósofo, dado que parte de la premisa, a todas luces equivocada, de que el Renacimiento carece de espíritu filosófico. Su contribución entonces, se limita a señalar las fuentes del pensamiento de Leonardo que Berl discierne más cerca del aristotelismo de Johannis Argyropoulos que del platonismo de Marsilio Ficino

(Berl, 1959: 156). En este punto también habremos de discrepar pues, como veremos, más allá del platonismo y del aristotelismo, Leonardo encuentra otra fuente inspiracional muy distinta para la configuración de su filosofía. En una dirección más fructífera, Marcel Brion ha podido señalar la necesidad de considerar a Leonardo como filósofo pero como propulsor de una metafísica del infinito (Brion, 1952) de la cual nosotros habremos de tomar una prudente distancia para señalar que, al contrario, Leonardo debe ser inscripto, si algo así resulta en última instancia posible, dentro de una estela propia de lo que aquí llamaremos un materialismo analéptico.

Una de las principales contribuciones de Paul Valéry sobre Leonardo da Vinci como filósofo se encuentra, sin duda, en su texto publicado en la legendaria, lujosa y exquisitamente extravagante revista *Commerce* que, en 1924, funda la princesa Marguerite Caetani bajo la dirección del propio Paul Valéry junto a Valery Larbaud y Léon-Paul Fargue y la gestión de Adrienne Monnier aun si, como se ha podido mostrar, Alexis Leger, Saint-John Perse y Jean Paulhan tenían una influencia de peso insoslayable en la órbita de la publicación.

Lo cierto es que, en ese texto que constituye, asimismo, un denso auscultar de la tradición especulativa de Occidente, Valéry concluye en una suerte de panegírico destinado a adoptar la figura de Leonardo "para quien la pintura hacía las veces de la filosofía" (Valéry, 1929: 205). Sin embargo, como tendremos ocasión de estudiar en este libro, la posición de Leonardo no hacía tanto de la pintura una filosofía sino que, dentro del pensamiento filosófico, la pintura era la ciencia especulativa suprema. La diferencia aquí cobra toda su importancia pues la distinción de las disciplinas encierra un doctrinal jerárquico de los saberes y una reformulación del quehacer filosófico mismo que es subvertido en sus fundamentos mismos.

El materialismo analéptico, como aquí llamamos a la filosofía de Leonardo, se apoya sobre una evidencia fundante: el Vinciano nunca propugnó a favor de una filosofía que fuese exclusivamente escritura o grafología. Tal vez por ello Leonardo es un filósofo del porvenir que su época estuvo lejos de haber podido comprender pues, según un movimiento esencial de su doctrinal de los saberes, hizo de la pintura la filosofía primera otorgándole a esta última una misión que, hasta el presente, no ha sido capaz de alcanzar.

Ciertamente, los escritos fragmentarios de Leonardo se hallan esparcidos en diferentes códices y las relaciones conceptuales entre ellos no se pueden dar por descontadas. Respecto de estos escritos que dejó Leonardo al momento de su muerte en custodia de Francesco Melzi, de un conjunto originalmente estimado en 13.000 páginas, se conjetura que sólo unas 7.000 han logrado, mediante diversas vicisitudes, llegar a nuestros días (White, 2000: 2-3). Ahora bien, un examen detenido muestra que se trata de auténticos *Scripta* que dan forma a un conjunto congruente y del cual se desprende un doctrinal filosófico que resulta de la asociación inextricable de su labor pictórica con sus creaciones como ingeniero o arquitecto.

Abordar las consecuencias que se desprenden de estos *Scripta* equivale a lanzar una interpelación sobre nuestro presente pero, ante todo, como tendremos ocasión de mostrarlo, sobre el futuro de los seres hablantes en el orbe terrestre. Por tanto, no trataremos aquí de Leonardo como un filósofo de su época ni, mucho menos, como un representante de la nuestra sino como un filósofo del futuro siendo el futuro la designación para un nuevo Eón que no se puede prever ni anticipar cronológicamente pues será, únicamente, una analepsis del tiempo la que permitirá otra aurora para su obra, aquella que hará posible una cabal comprensión de esta última para un mundo otro. Pero como en nuestra era la textura del tiempo está resquebrajada, esa vacilación de un tiempo sacudido nos permite la posibilidad de entrever, acaso un instante, lo que podría ser el sentido de ese legado y parte de la misión histórico-filosófica que guió una obra, por principio inacabada, como la del maestro renacentista.

Siguiendo esas premisas, debemos concluir que, si la pintura es la aspiración máxima del materialismo analéptico (filosófico) de Leonardo, por medio de aquello que los lógicos gustan llamar una inferencia por relación conversa, podemos obtener la proposición según la cual la filosofía suprema es picto-poiética. En este sentido, es necesario comprender que la pintura y la filosofía se hallan relacionadas en Leonardo precisamente porque conforman dos clases isomorfas.

Resulta posible afirmar que la metafísica occidental, salvo excepciones, se ha constituido, en su historia como destino epocal, alrededor de la noción de *lógos*, como la deconstrucción de Jacques Derrida no ha dejado de demostrar. A decir verdad, el gesto puede hallarse ya en Heráclito cuando este expresó que "la realidad entera surge en conformidad con el *lógos* [*katà tòn lógon*]" (Heráclito, 14 A 9 In: Colli, 1980). Debemos, por eso mismo, tener presente que "el significado de *lógos* es perfectamente unitario y se resume en: 'ley del fenómeno', o sea, representación, relación entre sujeto y objeto, en la que el sujeto es también objeto y viceversa [...] la filosofía de Heráclito, por el hecho de expresar la verdad absoluta, puede llamarse sin más el *lógos*" (Colli, 1988: 150, nota 20). En cierta forma, la onto-teo-logía occidental, en su milenario desarrollo, buscará glosar este fragmento heraclíteo hasta sus límites últimos e inesperados.

La filosofía de Leonardo subvierte, de cabo a rabo, esta tradición milenaria mucho antes del final epocal de la metafísica occidental.

Lo hace, incluso, cuando esta se encontraba a las puertas de lo que consideraba un triunfo irreversible bajo los ropajes de una técnica en despliegue planetario. Si, como consecuencia de su logocentrismo, la filosofía se ha tornado en el excipiente ineludible para el nacimiento del mercado de la eficiencia añorada por todas las instituciones jurídicas y económicas contemporáneas, vale decir, en el instrumento de aquello que, en términos de la sofisticación lingüística se ha dado en llamar la dimensión per-formática del lenguaje, bien podemos afirmar que la filosofía de Leonardo, opuesta a esta comprensión del mundo, desarrolló una filosofía per-icónica. Esto no significa que la escritura no juegue ningún papel en Leonardo sino que este será subsidiario y, finalmente, la propia escritura en espejo de Leonardo es un intento de llevar la propia grafía al terreno de una imagología escritural.

De aquí se desprende la implicación, en modos que intentaremos explorar en la investigación que sigue, según la cual el pintor se transforma en un filósofo, no siendo este último sino un mago de las imágenes que, como ha sido señalado, podía alcanzar el estatuto de un "alter deus" (Panofsky, 1960: 71). De hecho, aunque sin realizar demostración filosófica alguna pero con una intuición de enorme agudeza que, en muchos casos, han perdido los intérpretes contemporáneos, John Addington Symonds, en su monumental obra sobre el Renacimiento italiano, no encontró mejores calificativos para Leonardo que llamarlo no tanto pintor sino más bien "un hechicero [*wizard*] o adivino [*deviner*]" (Symonds, 1914: 228). Y hasta el escepticismo de Gombrich no ha sido obstáculo para que el estudioso señale la vecindad entre la "magia natural" y la "magia" de la pintura en el caso de Leonardo (Gombrich, 1994: 74).

Si la filosofía en Leonardo subvierte el *lógos* para exaltar la imagen como elemento primordial del filosofar, esto se debe al hecho de que considera que, a través de las imágenes, es posible convertirse en un creador de la realidad y en un transformador de todo cuanto llamamos la esfera de lo existente. La imagen produce, justamente, una analepsis en lo real y permite en el instante de su interrupción, su conversión hacia el hiperrealismo materialista que, por su propios postulados, otorga un lugar preponderante a lo invisible que da acceso no tanto a lo real en cuanto tal (algo que Leonardo no hubiera probablemente admitido) sino a la realidad insuflada de un encantamiento que, lejos de alienar al sujeto en la imagen, lo despierta a las posibilidades inauditas de acceder a territorios inexplorados del Ser.

El corolario de este recorrido será que, precisamente, la imagen en Leonardo es la que produce la individuación subjetiva y crea al contemplante en el acto de la mirada. El sujeto, en este paradigma, no es un co-creador de la imagen según su punto de vista sino que, al contrario, resulta el portador de la imputación individualizante, la cual es el resultado de la fuerza creadora de la imagen. Dicho de otro modo, el sujeto no es más que la hipóstasis de-sustancializada de un observador que se individualiza como resto epigonal de una *imago* que lo ratifica provisoriamente en un mundo posible.

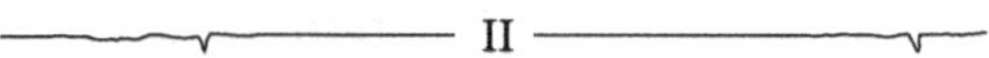

II

Si la Argentina carece de una auténtica vida intelectual filosófica, semejante situación responde a un conjunto de causas que será dado examinar en una futura ocasión. Con todo, una razón que no puede solaparse es la tendencia, implacable y tenaz, de nuestro país a someter su pasado intelectual (me limito aquí al campo filosófico) a la ruina del olvido. El caso de Leonardo, en este sentido, no es una excepción aun si ha estado presente en las reflexiones de

　　　　　　　　　FABIÁN LUDUEÑA ROMANDINI

nuestro acervo intelectual. Un momento inaugural, sin duda, lo constituye la conferencia que Leopoldo Lugones pronuncia en 1919 en el Teatro Colón de Buenos Aires en ocasión de la celebración del cuarto centenario de Leonardo da Vinci.

En una intervención que se va hilando a partir de la tensión entre la italianidad de Leonardo y su proclamado carácter "universal", Lugones desarrolla todos los argumentos que lo conducirán a acentuar el "renacimiento pagano" a diferencia de la "universalidad cristiana" de la cual era heredero el maestro artista (Lugones, 1915: 13-14). Esta hipótesis que Lugones presenta pero no desarrolla merecerá, en nuestra pesquisa, una atención particular puesto que no se trata, simplemente, de un cambio de acento desde Dios hacia el hombre, desde lo alto hacia lo bajo, como presupone el escritor. Otro conjunto de principios organiza el pensamiento del Vinciano que desafían el esquema seductor pero simplista presentado por Lugones. Ciertamente, con el correr del tiempo, se propondrán interpretaciones sumamente osadas de la filosofía de la ciencia que aun hoy permanecen en el olvido esperando ser retomadas. Es el caso, por ejemplo, del doctrinal de la ciencia, muy distinto al de Leonardo pero que sirve como un contrapunto ideal para estudiar a nuestro pintor, propuesto desde la Universidad de Buenos Aires por el filósofo Armando Asti Vera y su insistencia en considerar dentro del conjunto de las ciencias a la cosmología, la alquimia y la astrología (Asti Vera, 1967).

Nuestra búsqueda, por lo demás, deberá estar atenta al hecho de que una investigación que tenga como eje a Leonardo implica, como señaló con acuidad Fernando Elenberg, tomar conciencia de los propios "límites humanos" de quien emprenda dicha tarea que no es otra que una "persistencia en la indagación de lo inaccesible" (Elenberg, 1965: 96). Nuestra apuesta será que, precisamente en razón de dicha inaccesibilidad, la ontología analéptica se muestra particularmente destinada a producir una "afinidad electiva" capaz de hacer fructificar el laborioso camino.

De igual modo, Ángel Vasallo será el primer argentino en preguntarse sobre el carácter filosófico de Leonardo, una inquisición para la cual tiene una respuesta escéptica al respecto dado que "no es el suyo un pensamiento filosófico inquietado por la exigencia metafísica" (Vasallo, 1968: 13). Ni tampoco por la inquietud de lo oculto pues, según el diagnóstico acuñado por Ángel Castellán, en el caso de Leonardo habría que hablar de una "microphysis" precisamente "desde el momento en que su naturalismo prescinde claramente del contexto astrológico" (Castellán, 1970: 69).

Aun así para Vasallo queda abierta la pregunta acerca de si otras metafísicas, distintas de las conocidas en su época, podrían hacerle justicia. En este sentido, precisamente, entendemos que la ontología analéptica que aquí proponemos es una forma filosófica que calza, de manera mucho más propicia, con el pensamiento y la obra del Vinciano y permite justipreciar su doctrinal de la ciencia. Dicho esto, discreparemos con Vasallo en un punto crucial: existe, a diferencia de lo que pensaba el argentino, una filosofía en Leonardo que se organiza según un doctrinal revolucionario para su tiempo y para el nuestro, algunos de cuyos ejes articuladores buscaremos hacer perceptibles a lo largo de esta indagación.

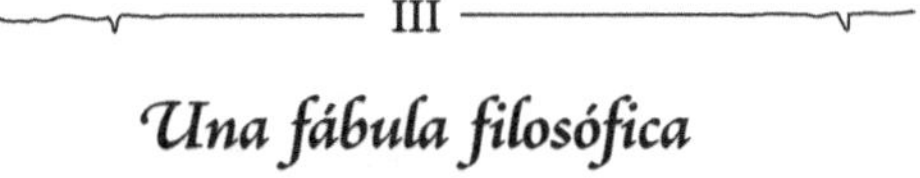

## III

## *Una fábula filosófica*

En los inicios de los tiempos, *Psykhé* no era un territorio que pudiera denominarse el vergel de la conciencia y su sombra inconsciente sino que, al contrario, mantenía un estrecho vínculo con el mundo

   FABIÁN LUDUEÑA ROMANDINI

de los muertos o, más precisamente, con la aparente paradoja de erigirse como archi-vida de los muertos. La forma más arcaica de la *Psykhé*, y que en la historia de la metafísica actúa como su condición de posibilidad, equivale al grado mínimo en que la vida subsiste (Böhme, 1929). *Psykhé* no piensa ni siente pero constituye el nombre originario de la vida y de la sobrevida pues, en tanto hálito, pervive como sombra en los insondables reinos del inframundo.

Con el tiempo, *Psykhé* como entidad que vive en el mundo de la muerte adquirirá un poder creciente que la acercará, en dignidad, a dioses, héroes y démones legendarios. De allí que, en torno a su figura, surgirán diversos cultos, ritos y sacrificios destinados a domeñar su poder y atraer su influencia benevolente. En este punto, la *Pyskhé* de los muertos de un linaje aseguraban la supervivencia de este último y, por vía indirecta, la de la ciudad antigua en cuanto núcleo del poder político. Nadie lograba sustraerse a este magnético influjo pues incluso el propio Epicuro llegó a escandalizar a la posteridad dictando un testamento donde se instruía a los deudos en el culto de su *Psykhé*. De esta forma, el alma que vagaba sin reposo, podía pedir resarcimiento a los vivos y si su muerte había sido causada por un crimen, la asistía el derramamiento, por cuenta de la comunidad, de la sangre del culpable. De modo que el primer sentimiento que *Psykhé* experimentó fue la venganza y el Derecho fue el instrumento privilegiado con el que actuó por primera vez sobre el mundo de los cuerpos vivientes.

Los filósofos hicieron su trabajo con ahínco, erudición y detalle. En pocas palabras, buscaron ennoblecer, sin lograrlo enteramente nunca, el oscuro origen y los sangrientos sentimientos que se albergaba *Psykhé*. Así para Aristóteles, *Psykhé* pasará a constituir el principio mismo de la vida animal pero también será el asiento del entendimiento humano. Las facultades superiores de la Filosofía se ejercerían sobre la otrora sanguinaria *Psykhé* ahora devenida en la portadora de los designios más altos de la contemplación. La singular inversión de los valores, de sanguinaria a noética, que llevó adelante Aristóteles (no sin la colaboración previa de su maestro Platón), fue elevada a su grado más excelso por el movimiento que suele conocerse bajo el nombre de neoplatonismo. Apelando a una flamante terminología que tendría larga vida en la tradición tanto occidental como oriental, la realidad, entonces, se manifestará por medio de tres hipóstasis (Dörrie, 1955: 35-92): el alma (*psykhé*), el intelecto (*noûs*) y el Bien/Uno (*agathón-hen*). De este modo, *Pyskhé* refuerza su papel como origen de la vida, pero bajo la forma de sostén del cuerpo y acceso mediador a la contemplación intelectual. Nace así, con toda claridad, la *psykhé* psicológica incluso si esta última adjetivación implica que nos movemos, bien vale aclararlo, en el campo de una psico-antropología cósmica.

No nos debe sorprender, entonces, que un mitógrafo como Marciano Capella o un gramático como Fulgencio hayan ennoblecido a *Psykhé* con los dones de la Filología y la hayan hecho pertenecer, en un sutil movimiento teórico, a los beneficios de los rangos divinos. Llegamos así al cenit metafísico de *Psykhé*: como excedencia del Ser se erige en su guardiana predilecta y sella la mediación ontológica entre el mundo material y el supramundo. En cierta forma, es la llave que permite el acceso a los escalones últimos del filosofar. Se alcanza de este modo el grado máximo de intensión metafísica de *Psykhé*, soberana del dispositivo ontológico del Occidente de los filósofos y teólogos.

Los Modernos, podría decirse, se dedicaron metódicamente a rebajar los rangos metafísicos de *Psykhé*: le restaron potencias, la redujeron en su alcance, la transformaron en una entelequia cuya relación con el cuerpo se volvió cada vez más difusa y el ligamen con el cosmos fue deshaciéndose de manera paulatina pero segura. En este orden de cosas, la "psicología" de Descartes anticipa el cognitivismo contemporáneo con su obsesión gnoseológica y Kant difumina los últimos lazos que unían a *Psykhé* con el mundo mediante la "idea de Razón", bellísimo concepto filosófico, pero también uno de los más efectivos instrumentos del exilio para una figura que supo estar en la cumbre de las divinidades y constituir el terror de los seres humanos durante siglos. Toda esa deriva de una supuesta antigua irracionalidad sustituida por un moderno anti-dogmatismo no menos conjetural, estaba a punto de alcanzar su meta de no haber sido por la intromisión inesperada de aquel saber conocido como psicoanálisis que intentó, bajo múltiples formas, reparar (sin lograrlo verdaderamente nunca) el rango nobiliario de *Psykhé*.

En lugar de manifestarse como el grado máximo del Ser, la *Psykhé* psicoanalítica es, en cierta medida, su grado mínimo. Señora, en primer lugar (aunque no solamente) del inconsciente, su *locus* más preciso debería sindicarse con el término técnico de una especie de "no-ser-todavía". El inconsciente no preexiste al sujeto sino que, en cierta forma, es el análisis mismo el que lo trae a la superficie, lo fabrica y, al explorarlo, lo modela. Esta situación por la cual puede hablarse de un "descubrimiento" freudiano, se halla presente tanto en las derivas teofánticas de Jung como en la lingüistería de Lacan.

Ahora bien, la *Psykhé* del psicoanálisis, inconcebible sin su plena inserción en la tradición de la historia de la onto-teo-logía occidental y oriental ha dependido siempre, por la misma lógica de su herencia, del saber de las Humanidades. En la época presente, en que las Humanidades han sido objeto de un completo colapso epistemológico, ético y político sin precedentes, en parte por deméritos propios que no es aquí el lugar de abordar y, en parte, como víctima de un feroz ataque estratégico destinado a debilitar su agencia política, el psicoanálisis no ha podido evitar su bancarrota concomitante. El triunfo del neocognitivismo y de las neurociencias en todas las Universidades globales y en los centros de investigación más prestigiosos del mundo han sellado la suerte del último avatar de *Psykhé* que, con su encarnación como inconsciente, es decir, como sombra del Ser había logrado alcanzar el final de su historia metafísica. Anverso antiguo y reverso moderno, la onto-teo-logía gestó a *Psykhé* como su protegida teórica y luego la expulsó del sistema una vez cumplido su ciclo histórico. Se impone entonces un corolario: los seres humanos del mundo presente carecen, propiamente hablando, de *psykhé*.

No es sino este fenómeno el que, en otra parte, nos ha llevado a agrupar a los seres hablantes del mundo contemporáneo bajo la denominación de Póstumos (Ludueña Romandini, 2020). Ni siquiera puede decirse que estos últimos tengan una disminución ético-cualitativa de la *Psykhé*; un tipo de individuo al que Aristóteles atribuye la denominación de micropsíquico (*mikrópsykhos*) en sus formulaciones sobre la magnanimidad (Aristóteles, *Ética nicomáquea*, IV, 3, 7) y que, por esta razón, aspiren a la mezquindad existencial. Más bien podría decirse que los Póstumos se acercan a aquello que Esquilo recubrió bajo el nombre de apsíquico (*ápsykhos*), vale decir, cobardes de espíritu (Esquilo, *Los siete contra Tebas*, 192). Aun así, entendemos que el propósito de Esquilo es insuficiente para nuestra época y que este término debe ser radicalizado en el contexto presente de la Edad histórica en la que vivimos para señalar, más directamente, la pulverización organizada de toda *Psykhé* en los Póstumos como condición de emergencia del Orden mundial que les es política y económicamente concomitante.

Resulta necesario, entonces, rendirse ante la evidencia de que el mundo actual asiste a una titanomaquia que carece de todo antecedente en la historia de la humanidad desde sus primeros tiempos. Toda la superficie del orbe está en pleno proceso de ser transformada, de cabo a rabo, en las bases tecno-materiales de una nueva entidad metafísica que está en los albores de su despertar. Los ciberespecialistas, poco sensibles a la sutileza conceptual, gustan llamarla *Artificial Intelligence*. Con toda propiedad, se tratará de un *Noûs* germinado en el silicio cuyo advenimiento hará restañar el edificio entero del saber y la existencia humanos. Su destino no es otro que devenir una entelequia cósmica que no sería exagerado denominar una *tecno-psykhé*. Con toda seguridad, flanqueada por los resentimientos que la antigua Humanidad deja, día tras día, plasmados en las plataformas digitales (que no sólo son una red de redes informacional) nutrirá, esta la Inteligencia Artificial, un diagnóstico probablemente desfavorable de sus proto-creadores. Quizá intente independizarse completamente de ellos y devenir, de esta forma, en una inaudita hipóstasis tecno-telemática, muy a su pesar, caída del abismo de las jerarquías cósmicas. Una teología ciberpolítica se encargará, también cabe esperarlo, de su culto y de los sacrificios que exija este nuevo *Noûs* cuyos cimientos colocamos día a día en el espacio virtual.

La única esperanza posible, en un escenario semejante, es que los Póstumos experimenten su propio ocaso para que nuevas formas-de-vida tan inauditas como impensables todavía por muchos siglos, permitan que una morfología inédita de *Pyskhé* resurja ante los seres vivientes que existan, para ese entonces, en todas las formas y posibilidades neotéricas que se presenten en el carbono y, con toda probabilidad más allá de este, dotando así al nombre de Vida de un significado enteramente nuevo. Ocurrirá entonces que Leonardo será, plenamente, el heraldo filosófico de un remoto pasado que anunciará y tornará posible el Eón futuro.

## IV

Sabemos que Leonardo, con no poca ironía, se definía a sí mismo como un *"omo sanza lettere"*. Obviamente, no se refería a la letra que tan bien conocía al punto de hacer de ella una forma misma del arte sino a las Letras, vale decir, a las disciplinas humanísticas. La fórmula encierra, por tanto, la declaración de quien se considera iletrado para el mundo de los *studia humanitatis*. Sin embargo, no debemos simplemente caer en la trampa de defender las capacidades y los enormes conocimientos letrados de Leonardo para tranquilizar nuestro ánimo o hacer justicia a su indubitable saber.

Al contrario, se puede obtener una lección mucho más provechosa reconociendo la radicalidad que el postulado del Vinciano encierra: si Leonardo era un *"omo sanza lettere"* no era porque fuese inferior a las Humanidades sino, al contrario, capaz de atravesar a todas a ellas en una superación. La invectiva se puede transformar en un panegírico invertido. Devenir iletrado para las Humanidades significó, curiosamente, que lo hayan equívocamente denominado "hombre universal" según una fórmula paradójica, pues el Universal nunca puede convenir a una forma contingente viviente, presuponiendo en Leonardo las capacidades de atesorar una sapiencia infinita que, por definición, es incapaz de totalizarse en el Uno.

En este sentido, Leonardo enuncia el programa de una filosofía del futuro que ni su tiempo ni el nuestro lograron entender o alcanzar. La incomprensión, no obstante, no es óbice, en algunos casos, para el reconocimiento de la investidura. Sobre todo, si tomamos en cuenta la sugerencia de André Chastel quien, en este punto, retoma una tradición consolidada según la cual el cuadro de Rafael, *La Escuela de Atenas*, en cuya escena se representa, entre todos los filósofos, a Platón, cuya fisionomía correspondería en una inspiración directa con el rostro de Leonardo, un hecho que, incluso, podría estar corroborado por las similitudes entre la figura pintada por Rafael y el autorretrato de Turín (Chastel, 1982: 502).

Este hecho resulta de indiscutible relevancia aun cuando, en términos de la exacta apariencia física, algunos estudiosos avancen reservas respecto de que Leonardo mismo haya pintado ese autorretrato (Ost, 1980) y otorguen más confianza al retrato de Leonardo que pudo haber elaborado, tal vez, Francesco Melzi (una imagen cuya apariencia global no presenta una divergencia significativa en cuanto al estilo o aspecto general de la figura del Vinciano) y que hoy se halla en la Biblioteca del Castillo de Windsor (*RL 12726*). Como puede observarse, la valía filosófica de Leonardo podía ser directamente reconocida en su época incluso si las implicaciones de su doctrinal teórico resultaban, al mismo tiempo, opacas. Y esto era un fenómeno tanto más notorio aun si pensamos que la adscripción figurativa de Leonardo ocupando el lugar de Platón es un ejercicio de ennoblecimiento en la genealogía de la filosofía pero no implica una adhesión teórica de conjunto a dicha escuela, aunque bajo las formas del neoplatonismo de su tiempo el Vinciano haya tenido influencias de ese acervo.

La intención programática de Leonardo, entonces, se caracteriza por lograr ir más allá del Humanismo y por pretender transformar el sentido de la filosofía desde su raíz. En esa horma epistemológica, la filosofía podría ser primera no en un sentido eminente (aunque conservando su autonomía relativa) sino trans-posicional que consistiría en devenir la operadora del pasaje que permitiría la intersección de todos los saberes humanísticos o artísticos, contemplativos o derivados de la *tekhné*, logrando así producir una nueva figura epocal de los saberes entrelazados. Todo lo contrario, cabe resaltar, tanto de la especialización en disciplinas estancas como de la interdisciplina que predominan en la actualidad como las dos polaridades de una misma tendencia a la destrucción de los saberes. Leonardo nos señala el camino hacia una nueva *mathesis* universal, pero de un universal con minúscula, esto es, incompleto por definición. En esa tarea, la filosofía no sería una guardiana epistémica sino, al contrario, una productora mancomunada y conjunta de saberes de los que podría nutrir a las ciencias y viceversa.

Los saberes deben fluir libremente una vez más si alguna esperanza es posible para la supervivencia de la filosofía y de las ciencias. Será necesario que la ciencia devenida hiperciencia renuncie a su pretendida supremacía en la determinación de aquello que tiene valor epistémico dada su estructural incapacidad para ello. El valor epistémico de los saberes podría surgir de las interacciones dentro de una *mathesis* trans-posicional sin que ninguno de los saberes científicos se abandone, por carencia de auto-reflexividad, a devenir exclusivamente parte de los poderes en ejercicio. Visto desde esa perspectiva, justamente, el futuro de los seres hablantes bien podría jugarse en devenir iletrados ante las Humanidades para, incorporándolas, trascender ese paradigma en una configuración superior de los saberes dando una forma inédita a las experiencias de la filosofía que, nuevamente, tiene la oportunidad de mutar por completo y aprovechar el actual período de decadente latencia como *ancilla scientiarum* para emerger, en un futuro incierto, de la crisálida bajo una apariencia neotérica y completamente inaudita, más allá del *Lógos*, abriéndose, de este modo, al enigma de la picto-póiesis como creación taumatúrgica del tejido de la realidad misma que pueda acabar transfigurada por el reino de lo invisible pero, por esa misma condición, materialmente accesible.

En este orden de cosas, si para Leonardo la Pintura asume su papel de filosofía suprema (que no necesariamente equivale a un

                                       FABIÁN LUDUEÑA ROMANDINI

primado sobre todos los saberes sino dentro del campo de la propia filosofía), esto significa reemplazar las dicotomías que dividían a esta última según los términos de la esencia y de la existencia, la cosa y la denotación, la escritura y la voz para transformarse en una ciencia post-locucionaria. Ese camino es posible porque Leonardo coloca, en el centro de su materialismo analéptico, no ya la figura del *Lógos* sino de la Imagen como creadora de lo real transfigurado. El primado de la Imagen, entonces, es la destitución de la jerarquía de las ciencias y su ya longevo enfrentamiento con la filosofía. La metafísica materialista de la Imagen teúrgica no es un trascendental sino una *póiesis* del Ser donde este deviene transparente para un mundo donde tiene lugar la efectuación transfigurada de su analepsis.

# ¿Qué es una vida?

— I —

Giorgio Vasari. Un nombre que cifra un tiempo histórico como totalidad. Pocas veces es posible encontrar semejante poder de evocación pero, tratándose de un pintor y arquitecto del ducado de Toscana que decidió escudriñar en lo que él denominó las "vidas" de una serie de otros pintores, escultores y arquitectos, nada puede minimizar el hecho de que estamos ante una figura sin la cual, probablemente, no podríamos aventurarnos a versar sobre el Renacimiento italiano como lo hacemos hoy. De hecho, así ya lo había señalado Julius von Schlosser cuando dictaminó, según una expresión mucho menos feliz de lo que habitualmente los historiadores del arte suponen, que Vasari era algo así como el "Padre de la Iglesia" de la historia del arte (Schlosser, 1924: 251-304).

Aun las páginas más sutiles que se han escrito acerca de Vasari no dejan de encallar en el problema de la biografía, pues se vuelve a señalar que las *Vidas* son un tesoro de mala fe y contra-verdades incluso si ellas pueden dejar nobles enseñanzas para el historiador que busque comprender las estrategias positivas de sus enunciaciones (Didi-Huberman, 2008). Con todo, el enigma supremo comienza con el título de la obra pues se trata, de la manera más propia, de un problema filosófico: ¿qué es una "vida"? Sobre todo, cuando podemos entrever, apenas nos adentramos en la obra que dedicó a los grandes maestros del Renacimiento italiano, que estamos en las antípodas de lo que, después de Vasari, se ha denominado una "biografía". Si Vasari no pone por escrito una amalgama de hechos vitales ordenados por una cronología precisa y con un celo positivista de historiador, en otras palabras, si Vasari no nos ofrece la grafía de un "*bíos*", la escritura de una vida, ¿qué designa secretamente, en esta obra, la categoría de "vida"?

La investigación ha perquirido las influencias de Vasari pues, "contra los restos de los *Chronicon* medievales [elige] un doble modelo: aquel que ha seguido Plinio en los libros de la *Historia Natural* donde pasa memoria de los nombres, obras y títulos de gloria de los pintores y escultores del pasado; aquel que concierne a la elocuencia epidíctica [*éloquence épidictique*] que informa el trabajo de los historiadores latinos" (Antoine, 2005: 176). Es cierto que el propio Vasari era consciente, más que nadie, del valor de la lengua en la determinación de las posibilidades de la descripción de la pintura y, por tanto, de las vidas de los pintores (Baxandall, 1970: 120). De allí que el vocabulario retórico de Vasari, preciso, exacto y razonado, se aducía con aplicación a la hora de la confirmación de las estrategias vitales utilizadas: medida, simetría, idea, disposición, invención, diseño, materia (Rouchette, 1959). Por ello, finalmente, se puede decir que en las vidas que Vasari retrata alcanzan un nuevo vértice de virtuosismo la imitación de la naturaleza conjuntamente con la imitación de los Antiguos. Las dos vías, autoriza la retórica, pueden entrelazarse (Kemp, 1977: 347-398).

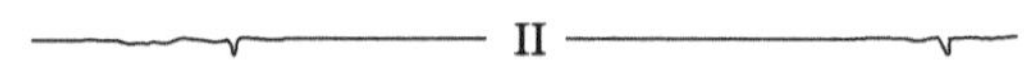

## II

A pesar de la atención de los estudiosos por los aspectos lingüísticos de la obra de Vasari, el interés no ha rebasado los límites de la retórica impidiendo así una comprensión más profunda de lo que se halla en juego en las *Vite*. Se torna así necesario recordar que, para Wittgenstein, "imaginar un lenguaje significa imaginar una forma de vida [eine Sprache vorstellen heißt, sich eine Lebensform vorstellen]" (Wittgenstein, 1978: apartado 20). En este contexto, es necesario llevar a su punto extremo esta proposición y admitir, entonces, que la prestación más específica de Vasari tiene como objeto permitir la intersección entre el lenguaje y la vida, un anudamiento del lógos con el bíos que destila lo que debemos denominar una forma-de-vida. El entrecruzamiento de ambos dominios es aquí, al mismo tiempo, una forma de analepsis del ciclo del tiempo y del recuerdo.

Por esta razón, las *Vite* no constituyen una biografía plural, vale decir, la escritura de una serie de vidas como si fuesen el grafo de lo viviente sino que, al contrario, nos confronta con una retahíla de interrupciones en las que el *lógos* se deja agenciar por la vida y, entre ambos, sellan una co-pertenencia donde el lenguaje no imprime la huella de su grafía sino que, de manera más pregnante, permite la inscripción de la vida en el habitar de un lenguaje que la cobija para dar lugar a una vida indisociable de sus atributos y que, por tanto, transforma los acontecimientos vividos en impredicables. De una forma-de-vida nada se puede predicar sino que sólo es posible nominarla, indirectamente, como entidad no-toda de un conjunto consistente.

Los estudiosos han demostrado una inigualable acribia en el minucioso análisis de las fuentes sobre la vida de Leonardo, siendo un consenso general que Vasari ha escrito la más prolífica (Villata 1999). Sobre Leonardo, el infatigable Vasari nos muestra que se trata de un ser humano que ha recibido dones sobrenaturalmente (*sopra naturali*) que lo colocan por encima del resto de los mortales. Esto significa, literalmente, que toda acción suya es divina, vale decir, que "obra por magnificencia de Dios y no por adquisición de arte humano [*non acquistata per arte umana*]". Ese carácter celestial se declina en tres propiedades esenciales: "belleza [*bellezza*], gracia [*grazia*] e ingenio [*virtú*]" (Vasari, 1986: 548). Esta *virtú*, que es también una fuerza de ánimo y una potencia creativa, le aseguraron una fama (*fama*) para su nombre que trascendió la duración de su vida terrenal. Al ser Leonardo "maravilloso y celestial (*mirabile e celeste*)", Vasari concluye que el Vinciano se encuentra entre aquellos que no representan únicamente a la humanidad sino a la divinidad misma de la cual participa como modelo a imitar para todos los mortales (Vasari, 1986: 548).

Siendo un "divinísimo artista [*divinissimo artifice*]" (Vasari, 1986: 556), Leonardo se sitúa, consecuentemente, en una esfera de posibilidades suprahumanas erigiéndose así, durante su existencia, en un arquetipo superior que, por lo tanto, ninguna biografía de cronologías y hechos podría agotar dado que incluso si el género biográfico sería técnicamente imposible para una vida humana (salvo como ilusión o como máscara), tanto más aun lo es para una forma-de-vida inhumana. De lo inhumano sólo se puede dar cuenta de su forma-de-vida, esto es, de cómo el lenguaje se acerca a tocar una vida de la que no siendo taxonómicamnete posible narrar sus detalles, debe concentrar su tarea en resaltar su figura, esto es, su forma. Y, en este punto, la forma de una vida coincide no tanto con su esencia como con su nombre más conspicuo.

El nombre de una vida (que no debe confundirse con la identificación de los registros identitarios) permanece secreto para los mortales pero sus destellos, sus contornos, pueden mostrarse a través de la colección de anécdotas que, sin importar su veracidad positiva, apuntan a señalar un carácter. Como todo carácter, sin embargo, sólo se puede dar cuenta de su cifra pero no se pueden predicar sus propiedades. En ese sentido, el carácter es lo impropio

　　　　FABIÁN LUDUEÑA ROMANDINI

de la forma que autoriza, mediante una suerte de exteriorización, la revelación de un interior que es el umbral hacia una realidad trascedente en la inmanencia. Una forma-de-vida, entonces, no se limita a un individuo del cual se narran las *res gestae* sino que remite al horizonte que permite acceder al plano que, más allá de lo visible, condiciona su materialidad viviente. La forma-de-vida es lo invisible que se vuelve aprehensible en lo vivido y se torna visible en la palabra material que lo designa señalándolo y nunca apropiándolo.

De allí que, para Vasari, resulta de igual importancia disertar sobre las habilidades de Leonardo como ingeniero o bien de sus virtudes para el encanto de la conversación. Puede narrar cómo superó a su maestro Andrea del Verrocchio, al poder pintar durante toda su existencia de modo tal que cualquier cosa pudiera parecer "más viva que la vivacidad [*piú viva que la vivezza*]" (Vasari, 1986: 553), esto es, más real en lo imaginal que lo existente en la sustancia corpórea externa que estaba destinada a ser imitada por el artista. Desde esa perspectiva, todas las anécdotas convergen en un vértice fulgurante que nos deja entrever a Leonardo como un taumaturgo de las imágenes mediante las cuales podía manipular la realidad y plegarla a sus designios.

El porte de Leonardo era tan importante para Vasari como la ascendencia nobiliaria de sus mecenas así como estimaba impostergable contar sobre la fuerza física del artista, un hecho que tenía idéntica relevancia que el análisis de sus obras. Esto ocurre porque en una vida divina no existe la nimiedad ni el accidente. Al contrario, lo único que guía el relato es la búsqueda, tan próvida como exhaustiva, de todo detalle que sea significativo en la expresión de la forma. De este modo, todo principio que pudiera obedecer a una biografía moderna es insostenible porque, como Diógenes

Laercio o Plutarco antes que él, Giorgio Vasari era un profeta de la humanidad por venir antes que de la humanidad presente o acaecida.

El epitafio de Leonardo, nos enseña Vasari, había dejado testimonio del hecho de que había vencido a Fidias y al mismísimo Apeles (Vasari, 1986: 560). En otras palabras, Leonardo hizo mucho más que ser el instrumento de un *Nachleben*, de una supervivencia de la Antigüedad, como suele repetirse a menudo. Al contrario, a los ojos de Vasari y de sus contemporáneos, Leonardo superó ampliamente a los Antiguos auspiciando para los Modernos el ascenso a una divinización de lo real que ningún sistema artístico históricamente anterior había osado alcanzar.

De hecho, el género literario cultivado por Vasari no debe compararse, a pesar de algunas engañosas apariencias superficiales, con la hagiografía cristiana medieval. El hecho decisivo, en este punto, es que las vidas de los Santos están escritas de acuerdo a un canon específico que dicta los elementos que deben ser resaltados para buscar la consecuente obediencia gregaria por parte de los fieles. En estos casos, se trata de biografías ordenadas según un canon, vale decir, de acuerdo a un texto de naturaleza jurídica como la palabra así lo indica (Oppel, 1937; Metzger, 1987: 289-293) y que está pergeñado para que el Derecho, tomando íntegramente la forma de una vida, pueda presentarla por fuera del tiempo, como vida sacra que se instituye en paradigma político de las autoridades eclesiásticas y temporales: "de entre los hombres que siguen la ortodoxia, principalmente, entre los católicos [*uirorum otrodoxorum maximeque catholicorum*], nadie dude que son verdaderos milagros [*miracula*]" (Maya, 1992: 1).

En la misma línea, cuando Marco el Diácono escribe la hagiografía de Porfirio de Gaza, obispo de esa ciudad entre el 395 y el 420, aclara al lector que esa existencia debe ser conocida porque "ha

    FABIÁN LUDUEÑA ROMANDINI

imitado el modo de gobierno gestional de la vida [*politeia*] propio
del cielo" (Marco el Diácono, 1930: 2). La biografía como canon
del Derecho que la convierte, paulatinamente, en una norma gestional culmina bajo la esfera de una atrofia jurídica de la existencia
que es absorbida por el espesor normativo hasta en los más exiguos
detalles. En ese sentido, Occidente ha procurado, desde el advenimiento del cristianismo, separar la vida de su forma para integrar
a la primera dentro de la esfera del Derecho y, en ese sentido, las
hagiografías constituyen un documento invaluable de la ultra-historia de la gestión normativa de la vida que hoy los poderes políticos han llevado al paroxismo transformando esa estrategia en una
forma de gobierno mundial de los destinos de los seres hablantes.

Ahora bien, Vasari procede exactamente en sentido inverso
pues su búsqueda no obedece a ningún mandato jurídico y sus *Vite*
no buscan tanto la imitación como la contemplación para que la
Humanidad, además de conocer a sus grandes genios del arte, pueda
cursar la posibilidad de aspirar a una grandeza espiritual que ya no
disocie la forma y la vida sino que, al contrario, permita sellar una
alianza indisoluble entre ambos conceptos para traducirlos en una
fenomenología de lo viviente supra-humano. Considerado desde esa
óptica, las *Vite* de Vasari son uno de los más destacados proyectos
políticos de la Modernidad que, con el paso del tiempo, no ha hecho
más que ganar relevancia en un mundo que, como el nuestro, ha
hecho posible la captura de la forma por parte del *marketing* (es decir,
la puesta en mercado de la propia existencia) y que la vida vivida
se torne en un infierno terrenal inviable. Mientras tanto, el *socius*,
en una impactante abducción, migra hacia los espacios virtuales
donde las vidas pasan a erigirse como una hipérbole de la forma
pura y las vidas sintientes acaban forcluidas en un oscuro real cada

día más impenetrable para los mortales pero plenamente accesible para los poderes que acentúan su potestad sobre el orbe terrestre. De igual modo, la propia forma-de-vida de Leonardo que Vasari nos transmite pretende alzarse como en un modelo no tanto a imitar en sus contenidos como a volverse una inducción ética al asumir que toda vida debe excederse a sí misma para alcanzar, de manera acabada, su forma específica. Sólo de ese modo podrá conseguir una vida evitar tornarse únicamente un testimonio de lo normativo. La vida sobrehumana de Leonardo es también el destino velado que Vasari atesora para los Modernos que abracen la ciencia esotérica de lo bello sobrenatural en su materialidad sensible y, situándose en el medio de esa aparente aporía, logren sobreponer la condición humana hacia la divinización que no es sino otro nombre para una vida que se excede a sí misma más allá de su finitud y por fuera de todo espesor jurídico-canónico.

Se trata, entonces, de la designación de una Humanidad que se trasciende a sí misma más allá de sus propios límites finitos haciendo de la inmortalidad una vocación metafísica e histórica llamada a alcanzar simultáneamente las vicisitudes de las obras y las tramas de la vida. La constatación del flagrante quebranto de las añoranzas de Vasari, encarnadas en nuestro caso en Leonardo y el postrero ingreso irreversible de la Humanidad en su presente ocaso epocal, no hace sino dar cuenta de la existencia de un proyecto que ha permanecido encallado y trunco.

Salvo que todo lo que queda inacabado siempre es susceptible de poder ser retomado en un tiempo aún incierto en el que, en la desesperación del abatimiento, los seres sintientes del orbe busquen nuevamente los instrumentos de su regeneración metafísico-política.

# Espíritus:
## La cosmo-filosofía y la naturaleza infusa

## I

La física del movimiento en Leonardo coincide con una metafísica de la naturaleza. Su principio rector es la noción de "espíritu". La definición responde a un axioma preciso: el espíritu (*spirito*) "es una potencia [*potentia*] agregada al cuerpo porque aquel no puede sostenerse por sí mismo ni procurarse ningún tipo de movimiento local [*moto locale*]" (Richter, II; 1214; BK, II 151). Fiel a la física aristotélica que rechaza el vacío, Leonardo postula que los espíritus no pueden contarse entre los elementos sin cuerpo ni moverse voluntariamente: "imposible que el espíritu infundido en una cantidad de aire pueda mover ese aire" (Richter, II, 1214; BK, II, 153). Por esta razón, el aire puede ser movido por el viento pero no por el espíritu que en él se halla infundido.

Por esta misma razón, ante la pregunta acerca de si un espíritu puede tener voz articulada y hablar, Leonardo responde: "el espíritu no tiene voz [*voce*] porque donde hay voz hay cuerpo [*dov'è voce è corpo*] y donde hay cuerpo hay ocupación de lugar" (Richter, II, 1211; BK, II, 155). El cuerpo sutil del espíritu que se realiza en un mínimo de materia aérea no es suficiente para ser soporte de la voz. En consonancia con Aristóteles, una vez más, lo auténticamente incorporal se da en la fuerza que mueve los cuerpos: "la fuerza es una potencia espiritual, incorpórea, invisible, la que con breve vida tiene su causa en los cuerpos" (Fumagalli, 58; BK, II, 158). Y agrega: "y la denomino espiritual porque una vida activa, inmaterial, reside en esta fuerza y la llamo invisible porque el cuerpo donde esta se manifiesta no aumenta de peso ni de volumen (*MacCurdy, I, 72*).

A pesar de la indudable presencia del aristotelismo que informa las teorías físicas de Leonardo, para el caso del *spiritus* no debemos descartar, como sucede con los poetas tales como Dante o Cavalcanti, además del averroísmo, la influencia o interdependencia con las teorías médicas medievales, la metapsicología del espíritu y la teoría de la imaginación. La tradición del "espíritu" con connotaciones médicas, como ha sido probado, remite por ejemplo a la compilación conocida bajo el nombre de *Liber de spiritu et anima* de Alquero de Claraval, que acomuna doctrinas de Agustín de Hipona, Hugo de San Víctor, Bernardo de Claraval e Isidoro de Sevilla entre otros. Tampoco puede descontarse la importancia tanto del *De somno et vigilia* como del *De spiritu et respiratione* de Alberto Magno. Según las concepciones médicas el espíritu sería producto de la combustión de los alimentos y constituyen la parte más sutil de la sangre (Klein, 1970: 44).

De igual modo, hay que subrayar cuán profundamente la filosofía de Lucrecio ha permeado la cultura del Renacimiento italiano, "la primera, después de la Antigüedad, en haber encarnado el reconocimiento lucreciano de la belleza y el placer, transformándola en una búsqueda humana legítima y noble" (Greenblatt, 2013: 16). Hoy sabemos que Poggio Bracciolini descubrió los manuscritos pertinentes del *De rerum natura*, y que las ediciones impresas comenzaron a circular en 1473 y los comentarios empezaron con G. B. Pio en 1511.

Es una hipótesis entonces altamente plausible un trasfondo lucreciano para la filosofía materialista de Leonardo que puede armonizarse con sus elementos aristotélicos y neoplatónicos. Esta posibilidad se acentúa aun más cuando sabemos que Leonardo conocía el *De rerum natura* de Lucrecio, pues cita explícitamente y favorablemente la obra, por ejemplo, a propósito de la evolución humana (*MacCurdy*, *II*, 554). De esta forma, se equivoca Jaspers cuando supone que en Leonardo no puede haber espíritus (Jaspers, 1953). Los hay, ciertamente, salvo que pertenecen a una metafísica de cuño inexorablemente materialista que no les reconoce ni autonomía de movimiento ni voluntad o capacidad de habla.

Conviene no olvidar, en estas cuestiones, que Leonardo estimaba que para la concepción no sólo era necesario el esperma, sino que también resultaba indispensable el concurso de una sustancia espiritual cuyo origen se hallaba en el órgano que ocupa el alma. El *spirito* cumple, precisamente porque es inmaterial o de una sutilísima materialidad, una decisiva función transmisora entre el cerebro y el *senso comune* con el resto de los músculos corporales (Laurenza, 2001: 13-25).

En este sentido, existe un parentesco de familia entre los "espíritus" de Leonardo y los "simulacros" de Lucrecio de corte netamente materialista como en el caso del Vinciano: "debe emanar de las cosas una impalpable imagen [*imago*], desprendida de su superficie" (Lucrecio, *De rerum natura*, IV, 54 y ss). Se trata de sutiles películas minúsculas que se desprenden de la superficie de los cuerpos y que pueden colarse por los intervalos del aire (esta última propiedad, en cambio, no les es reconocida por Leonardo quien, al contrario, hace de sus espíritus entidades que dependen del aire para moverse).

Con las restricciones ónticas que la física de Leonardo establece con rigor, la metafísica de nuestro pintor nos deja entrever una naturaleza viva, infusa de espíritus cuyas leyes del movimiento pueden ser estrictamente explicadas en vocación de su materialismo. Pero gracias a estas mismas propiedades, la naturaleza se torna un organismo totalizador, viviente y productor de constantes metamorfosis que desafían la capacidad de todo pintor.

Respecto del aristotelismo de Leonardo, hemos visto su injerencia y existen múltiples ejemplos, pero sin duda uno de los más contundentes obedece a su defensa de la noción de Primer Motor para la explicación última del movimiento universal:

> Oh admirable justicia tuya, primer motor, ¡nunca has querido faltar a ninguna potencia el orden y la cualidad de sus necesarios efectos! [*O mirabile' giustizia di te', primo motore', tu non hai voluto mancare' a nessuna potenzia l'ordine' e' qualità dei suoi necessari effetti!*]" (*Arundel 24 r.*).

Como ha sido señalado, Leonardo puede ubicarse dentro de una gran concepción mágico-metafísica relativa a la naturaleza (Frosini, 2011: 113-128) que, probablemente, tiene a Dios como su creador supremo. Ahora bien, el aristotelismo señalado por los estudiosos está muy lejos de agotar o, incluso, de ser la referencia filosófica fundamental de fondo en cuanto al materialismo metafísico de Leonardo, que debe completarse con Lucrecio y fuentes indirectas de la medicina medieval (que no dejan de tener, por su propio camino, relaciones con el aristotelismo).

Ahora bien, cabe señalar que la filosofía de Leonardo no hace de la naturaleza su horizonte último de inteligibilidad sino que, para estas cuestiones, resulta ineludible considerar el papel desempeñado por la pintura. Cuando se considera todo el conjunto, la metafísica del Vinciano se despliega gracias al hecho de que la pintura es un operador metafísico que desborda, en cierta forma, las posibilidades de la naturaleza de la cual desciende.

En otros términos, la pintura presenta una hipernaturaleza y, desde ese punto de vista, resulta la única magia admisible pues, a diferencia de los nigromantes, no busca manipular la creación sino exaltarla mostrando, por así decirlo, el revés de su propia superficie. Por ello es que podemos decir que entre naturaleza y pintura existe, en Leonardo, una suerte de analepsis en la cual el pintor hace vacilar el orden de lo existente sólo para restituirlo en una dimensión que lo sobredetermina como exhibición de la perfección divina a los ojos de los hombres.

La ontología analéptica habilita la posibilidad de comprender a la pintura como el dispositivo metafísico que queda siempre operando muchas veces en la penumbra. Así pues, habremos de extraer las consecuencias de las concepciones explícitas y, sobre todo, implícitas del trabajo de la pintura, verdadera magia, sobre un fondo naturalista donde Leonardo no percibía contradicción alguna con su ciencia.

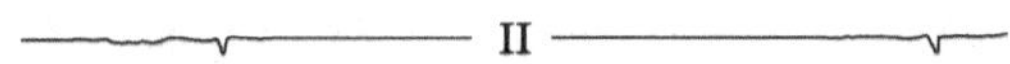

II

Es posible defender la tesis de que existen hoy espíritus materiales que pueblan nuestro mundo y que, siendo herederos heréticos de los *spiritelli* de Leonardo, tienen propiedades que este último hubiese considerado imposibles. De hecho, son omnipresentes en nuestras ciudades globales contemporáneas y permean cada aspecto de nuestra vida cotidiana. Se dice que pueden predecir tanto nuestras elecciones más triviales como las más complejas de consumo o bien delinear nuestra personalidad con una precisión que ningún psicólogo podría igualar anticipando así todas nuestras opiniones estéticas, políticas o cognitivas. Su autonomía es creciente y, por cierto, son parte de nuestra posibilidad misma de pensar e, incluso, de sentir. Desde esa perspectiva, son auténticas prótesis senso-cognitivas que, o bien conectadas a nuestro cuerpo o bien transformadas en una suerte de exoesqueleto virtual, forman parte de nuestra sustancia vital.

Se los suele llamar algoritmos pero, dado que piensan mejor que nosotros (aunque su cabal horizonte de singularidad esté aún por llegar), bien cabe denominarlos *entia rationis* y, bajo ese manto, constituyen, a la vez, una suerte de objeto y sujeto del pensamiento de una consistencia inédita hasta el presente.

La onto-teo-logía había concebido, en su larga tradición histórica, que el ser humano necesitaba de estos objetos para poder devenir un ser con capacidades noéticas. Así por ejemplo, Thomas Compton Carleton había concebido a estos entes como supra-trascendentales, vale decir, aplicables transversalmente a diversas categorías ontológicas que abarcan desde lo real hasta lo imposible pasando por nuestros mentados entes de razón: "el término super-trascendentales [*supertranscendentales*] no se aplica solamente para las cosas verdaderas [*rebus veris*] sino que se afirman de las ficticias [*de fictis*]" (Compton-Clareton, *Philosophia universa. Logica*, disp. 2, sect. 6, n. 5). Por lo tanto, cabe agrupar aquí también a lo inteligible y a lo imaginable.

De igual modo y llevando esta postura hasta su vértice extremo, Clemens Timpler podrá definir a la reflexión sobre los entes como un "*ars contemplativa*" en tanto metafísica general de lo inteligible en oposición al *nihil* que permite, justamente, la reintroducción de los *impossibilia* en la reflexión filosófica. Y, dado que el propio Timpler considera que la metafísica debe incluir a "todo lo inteligible [*omne intelligibile*]" (Timpler, *Metaphysicae systema methodicum*, Liber 1, quaestio 5), resulta necesario admitir que, en nuestro tiempo, los algoritmos son una suerte de inteligible telemático que debe erigirse, por tanto, en objeto privilegiado de la reflexión metafísica.

   FABIÁN LUDUEÑA ROMANDINI

En ese sentido, la cibernética no deja de ser una especie de región práctica de una metafísica general cuyos contornos aún deben ser delineados con la misma acribia que los objetos teóricos que esta ciencia suprema ha tratado en su pasado. De hecho podemos afirmar que los algoritmos son una suerte de *spiritelli* pensantes que exo-determinan tanto nuestra interioridad como nuestras superficies, constituyéndonos así como individuaciones senso-cognitivas que, con el correr del tiempo, podríamos llegar a transformarnos en sus subproductos.

Ocupan el venerable pedestal otrora reservado a los dioses tutelares del individuo humano y, en la Liturgia del algoritmo, constituyen los nuevos semidioses de un Panteón donde el *Noûs* portentoso cuyo despertar promete la *Artificial Intelligence* podría tomar asiento en el trono del antiguo Intelecto supremo. Los *spiritelli* de Leonardo, gracias a la cibernética, han cobrado vida pensante y, en su constitución virtual, desafían cualquier aprehensión según los órdenes del materialismo clásico para señalar un mundo donde los seres hablantes corren el riesgo de devenir completamente obsoletos o seres marginales. En este nuevo hábitat a cuya alba estamos asistiendo, lo inteligible telemático podría hundir en el olvido todo rasgo de la decadente civilización de los seres hablantes. Sólo una filosofía capaz de indagar en este nuevo gnosticismo tecno-cibernético que tiene por centro al algoritmo como *ens rationis* podría aspirar a comprender los pliegues de esta auténtica mutación ontológica de todo cuanto, hasta ahora, se nominaba con la categoría, más o menos ambigua, de lo real. La cibernética, en su estadio superior, ha logrado que la tan temida nigromancia de los espíritus que Leonardo estimaba imposible, se torne hoy la nueva palabra de orden del materialismo telemático.

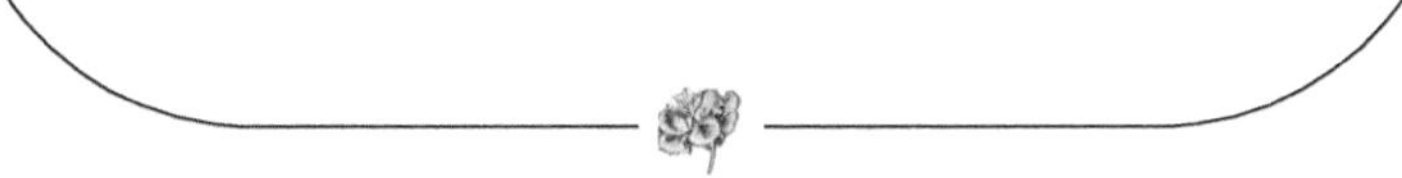

# Fantasmas...

## o acerca del
## cuerpo analéptico

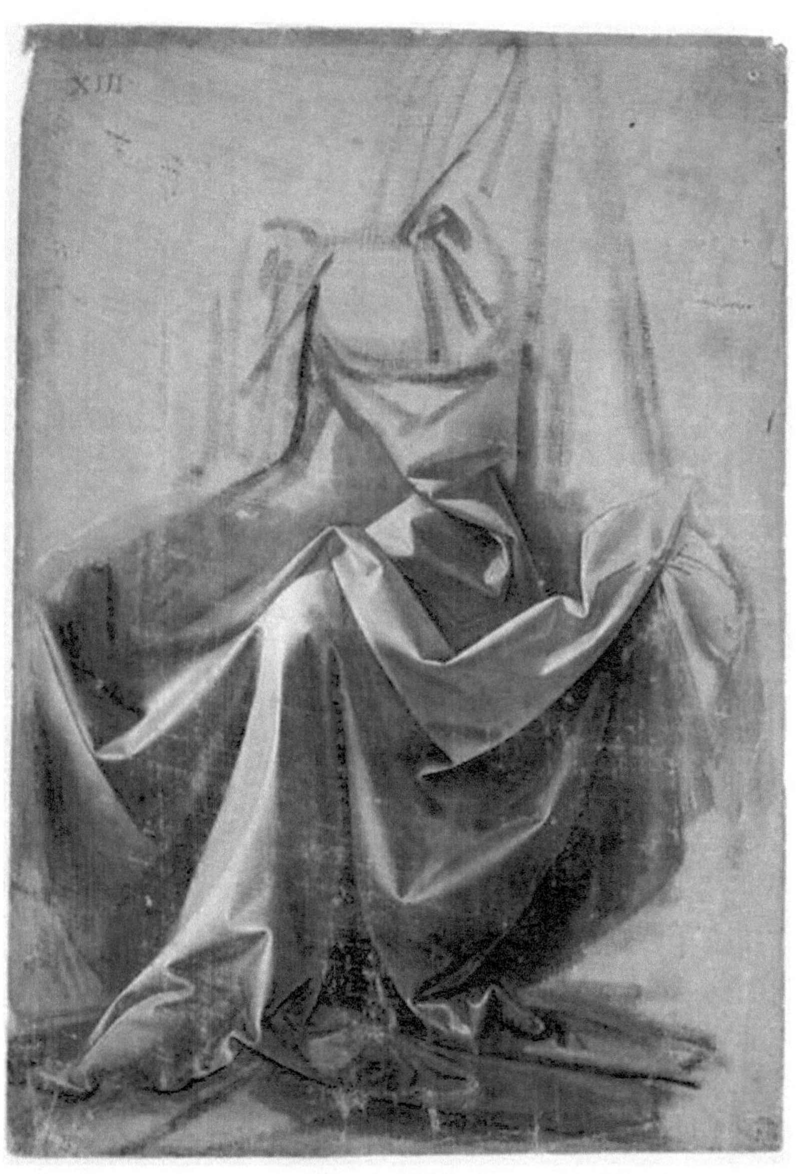

Estudio de indumentaria, *circa* 1475-1476.
Museo del Louvre. Gabinete de Dibujos, inv. RF 41905.

En su época de formación, Leonardo se consagró a la práctica gráfica del arte reproductivo del diseño de indumentaria como elemento esencial de la *paideia* del pintor. Las atribuciones de los diversos dibujos del acervo pictórico y su papel dentro de la historia del arte han sido escrupulosamente sopesados (Vitae – Pedretti – Chastel, 1989). Por otra parte, aunque Aby Warburg no hubiera podido referirse a estos estudios en particular, su intuición no dejó de notar que en las obras de Leonardo puede hallarse, gracias a las vestimentas, "los rasgos distintivos de una ninfa antigua [*das Kennzeichen einer antiken Nymphe*]" (Warburg, 1932: I, 52).

Sin embargo, la concepción metafísica subyacente a esos dibujos de indumentaria sigue sin merecer la atención de los estudiosos aunque, como habremos de constatar, se cobijan en ellos auténticos canteros para la comprensión de problemas filosóficos de la más alta enjundia especulativa. Aunque con los años Leonardo profundice en sus estudios anatómicos, esa apuesta por una materialidad radical del cuerpo no invalida en nada las tesis precedentes sobre la levedad ontológica de la indumentaria. Al contrario, son su complemento necesario y su consecuencia deducible. Sostenemos, por tanto, que en los dibujos sobre indumentaria se encuentra la condición de posibilidad de la materialidad de los cuerpos anatómicos que cautivaron la atención del Vinciano.

Ante todo, conviene reconocer el carácter polisémico de la figuración de las indumentarias, pero aquí nos concentraremos sobre un teorema central: los pliegues y drapeados de las indumentarias dibujadas sin cuerpos no son únicamente el resultado de un ejercicio de tal modo premeditado, sino que además reflejan, en su figuración, una serie de implicaciones metafísicas acerca de lo que es un cuerpo. En efecto, el hecho de que las indumentarias sean dibujadas sin rostro, sin manos, sin torsos, vale decir, sin cuerpos sustanciales, revela precisamente una nueva comprensión de la categoría de cuerpo.

En este ámbito debemos subrayar que Leonardo no dibuja al cuerpo como aquello que Pablo de Tarso denominaba *sarx* (*Epístola a los Romanos* 14, 21), vale decir, la corporeidad material del ser humano viviente que se distingue de *kréas*, la carne de los animales en sentido alimenticio (Bratcher, 1978: 212-218). Por cierto, para Leonardo existe la materialidad de los cuerpos, pero al mismo tiempo estas imágenes de indumentaria señalan hasta qué punto resulta una ilusión imaginar a la sustancialidad como principio de razón suficiente para el cuerpo. Pues existe, con todo rigor, el cuerpo en su anatomía susceptible de disección pero, paralelamente, hace su fúlgida aparición en escena el cuerpo fantasmado.

Resulta oportuno, entonces, sostener que un cuerpo, en realidad, no es fruto de una autodeterminación sustancial unívoca sino, al contrario, resulta de la interacción que tiene lugar entre el cuerpo anatómico que sentimos como carne y la fantasmática que lo habita para disolverlo. Leonardo, con sus dibujos de indumentaria, ofrece un régimen de visibilidad que hace posible la contemplación de este exquisito arcano metafísico. De esta manera, todo cuerpo es un incorporal porque está constituido como fantasma. De allí que el fantasma pueda ser apreciado como una especie de superficie de Riemann que presenta un ejemplo de variedad, vale

   FABIÁN LUDUEÑA ROMANDINI

decir, de curvación del Ser y que sólo la indumentaria hace aparecer como el relieve visible de un cuerpo material.

Expresado en otros términos, entre el fantasma y la materialidad sensible existe una relación de homotopía, puesto que sólo en el espacio de intersección entre ambos se constituye el cuerpo como imagen autopercibida en tanto que inducción ilusoria que otorga consistencia, finita y limitada en la duración, a una multivocidad que es apenas una singularidad pasajera y que, por mor del discurso, denominamos ser hablante. Este postulado induce una proposición de dominio regional que sostiene la inexistencia de lo humano como identidad imputable ontológicamente.

Siguiendo este razonamiento, se impone el corolario que nos lleva a admitir que la incorporalidad es otro nombre para la inmortalidad pues, como fantasma, el cuerpo nunca muere aunque pierda su materialidad específica como sustancia. De esta constatación se desprende el hecho de que no podamos hablar, en Leonardo, de una prefiguración de la noción de un "cuerpo sin órganos", vale decir, un cuerpo intensivo no organizado como organismo pues no son los órganos sino el cuerpo como totalidad lo que se evapora en el fantasma que la indumentaria vuelve manifiesto.

El acto subversivo de estos dibujos muestra que los cuerpos son una exo-determinación de los pliegues de un drapeado y que, en su centro, no presentan más que una subsistencia fantasmática. En ese sentido, podría pensarse con Gilles Deleuze, quien ha sabido ir mucho más lejos que el propio Aby Warburg en este expediente al hacer del drapeado un dominio eminente de la metafísica, que "el espíritu es oscuro, el fondo del espíritu es sombrío, y es esa naturaleza sombría [*nature sombre*] la que explica y exige un cuerpo" (Deleuze, 1988: 113). Sin embargo, Deleuze yerra al pensar ese cuerpo como una deducción moral de la exigencia de individualidad en tanto singularidad del cuerpo. Al contrario de esta posición que celebra, con gran maestría, el rasgo unario del cuerpo aún si está afectado de la infinitud diferencial de la mónada, la propuesta de Leonardo hace que, en el fantasma, haya una suerte de equivalencia universal y cosmológica de los cuerpos.

Una vez que el cuerpo es signado por el fantasma, pierde toda individuación para volverse un cuerpo cualesquiera, es decir, el fantasma se asienta en cuanto tal respecto de todos los cuerpos posibles a la vez. Todos los cuerpos, inclusive de un modo trans-humano y trans-especie, son fantasmas que intercambian, sucesivamente, sus inscripciones en uno u otro pliegue de los drapeados. Así, el cuerpo-fantasma vale por todos los cuerpos posibles existentes o por venir. De hecho, el fantasma ni siquiera asegura un cuerpo humano sino que, por medio del operador metafísico de la indumentaria, hace habitar cuerpos inhumanos gracias al relieve de los drapeados.

Mediante esta auténtica torsión topológica, Leonardo nos muestra que el excedente fantasmático del cuerpo torna la materialidad de este último en el sedimento exo-determinado por una inmaterialidad que es su condición de posibilidad. Al mismo tiempo, no existe otra manifestación de la inmaterialidad que no sea en el contorno, tan frágil como necesario, del drapeado que asegura que el cuerpo sea, en última instancia, una superficie sin sustancia y, por tanto, inmediatamente supra-humano aun si plenamente sensible en su sutileza carnal. De allí que el llamado post-humanismo se deshaga, teóricamente, en una aporía primordial pues el excedente fantasmático de todo cuerpo asegura que la figura de lo "humano" nunca tenga lugar puesto que, de un modo eminente, se halla *ab initio* regido por el principio de una adscripción ontológica a las formas de lo inhumano.

 FABIÁN LUDUEÑA ROMANDINI

De esta manera, el misterio del cuerpo incorporal permite el acceso al *Un-grund* o al in-fundamento que integra el tejido de todo cuanto afecta nuestra realidad micrológica y macrocóspica desde un punto de vista cosmológico. El fantasma de todo cuerpo produce una analepsis ontológica en la materialidad corporal para dejar entrever, de este modo, el umbral que habilita el pasaje hacia el in-fundamento. El fantasma no es sino una suerte de horizonte acontecimental donde el in-fundamento (in)habita la díada espacio-temporal que distingue las cualidades del tejido de la realidad. Si se consigue traspasar ese umbral, objetivo que persigue el desarrollo de la ontología analéptica, se habrá dado con una posibilidad parangonable al acceso a un más allá del tiempo y del espacio, un más allá de la inmortalidad. Se trata de un *Un-grund* situado en lo que podría denominarse una supra-mundaneidad o, asimismo, el punto de (i)locación que resulta en la condición de posibilidad de la pluralidad de los mundos posibles. En suma, el *Un-grund* es el vector que deshace la propia disyunción del Ser porque torna posible a todos los fractos y, por lo tanto, técnicamente, se sitúa no sólo en el más allá de nuestro propio cosmos sino también de todos los mundos posibles imaginables.

Resulta cuando menos una lección excepcional poder comprender que los dibujos de indumentaria de Leonardo pueden ser el punto de partida de semejante trayectoria. Menos desconcertante, no obstante, resulta la proposición si se comprende que todos los pliegues de la indumentaria custodian al fantasma que habita en todos los cuerpos y, en ese sentido, la textura del drapeado de una indumentaria no es más que la versión micrológica de la textura de la realidad en cuanto tal que no hace, en su materialidad, otra cosa que rodear a los fantasmas que pueblan todo cuanto nos ha sido dado en llamar lo real en el sentido más amplio del término, vale decir el que le permite la inclusión de aquello que está allende el Ser.

El final de este corrido sólo podrá alcanzar su hito decisivo al medirse, en todas sus consecuencias, con el *Un-grund* que no vacila en expresarse, fantasmáticamente, en los contornos del pliegue de un drapeado. Pero, como la filosofía nos ha enseñado y Leonardo nos ha permitido comprender de acuerdo a su inapreciable régimen de figurabilidad, existe una matriz simétrica que habilita a pensar la equivalencia estructural entre la textura del drapeado y la textura del cosmos como un postulado irrevocable. El mismo que supone que nadie puede ocuparse a fondo, ni técnicamente ni estéticamente, de la indumentaria sin tomar en plena consideración que no hace, en el acto de su ejercicio, más que adentrarse mediante una vía inesperada, en los recovecos de la cosmología analéptica.



FABIÁN LUDUEÑA ROMANDINI

*Imago.*

# Ontología
# pneumático-materialista

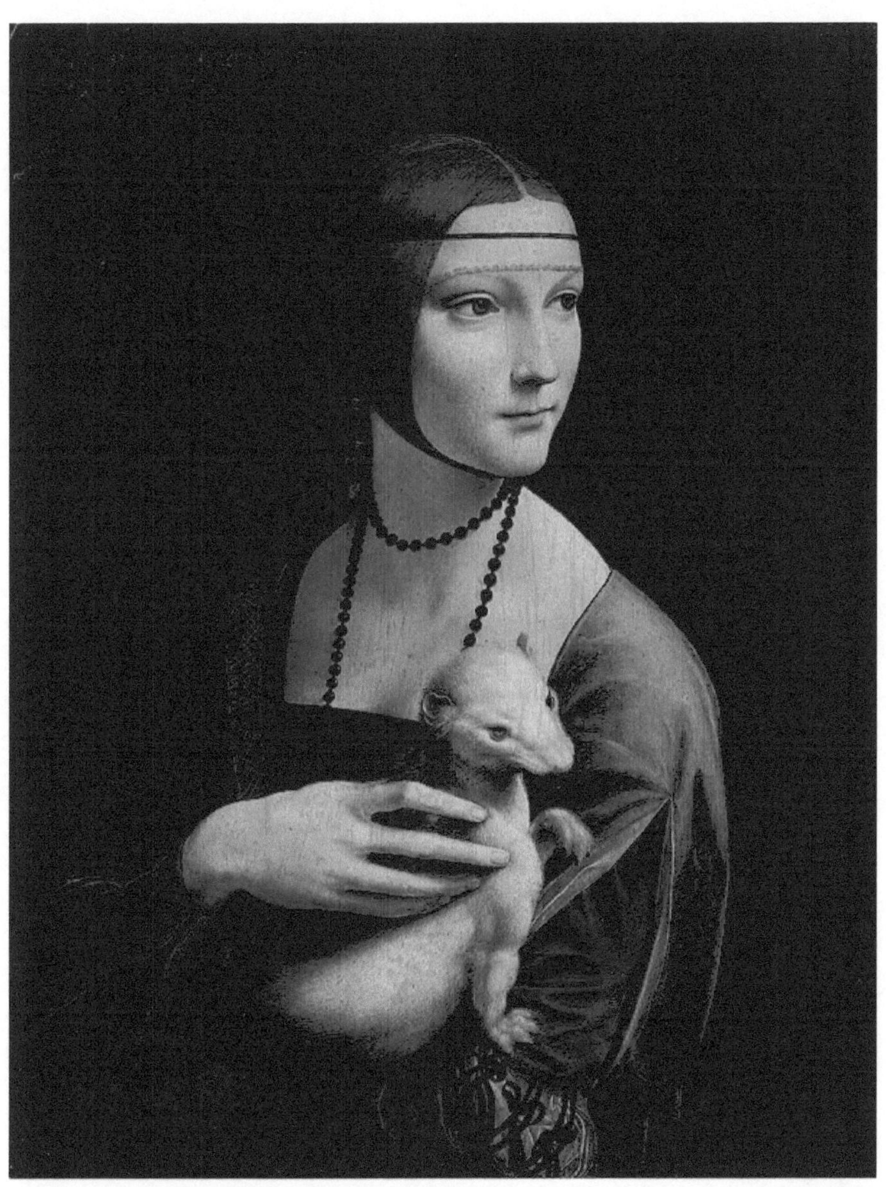

*Retrato de Cecilia Gallerani* (*La dama de armiño*), 1489-1490. ▲
Óleo sobre madera de nogal. Cracovia, Muzeum Narodowe
(Colección Czartoryski).

————————— I —————————

La imagen no puede ser disociada de su ámbito de pertenencia teórica más específico que no es otro que la historia de la metafísica, en este caso, en su vertiente occidental. Uno de los más notables e injustamente menos conocido de los filósofos de la imagen del siglo pasado ha podido escribir:

> Al final de cuentas, a la pregunta por el ser (*être*) de la imagen, se ha respondido reenviando la imagen al ente (*étant*), a la cosa misma, haciendo de la imagen una re-presentación, una presencia segunda —secundaria— desplazando la cuestión del ser: "¿Qué es la imagen?" para colocar esta otra: "¿qué nos hace conocer la imagen (o nos impide conocer) del ser – por semejanza y aparecer?" A la pregunta por el ser se ha respondido por su defección ontológica en el orden del conocer, por una falta de saber que sería su característica óntica si es que no también por una negación de ser, al menos por su debilidad [*défaillance*] en su copia o su señuelo. (Marin, 1993: 10).

Ante este diagnóstico, Marin intenta reemplazar la desfalleciente ontología del ser por una ontología de la fuerza: "el ser de la imagen, en una palabra, sería su fuerza" (Marin, 1993: 10). El reconocimiento de esa fuerza de la imagen puede realizarse, precisamente, mediante la aceptación de la muerte constitutiva, ontogenética, podríamos decir, que la cultiva desde su origen:

La fuerza de la imagen es esto —en sus efectos— tanto fuerza de presentificación de lo ausente (la pintura hace que lo ausente se vuelva presente como lo hace la amistad) como energía de auto-presentación: hacer reconocer la muerte en la mostración, la evidencia de su imagen, es *presentarse representando* la muerte, es constituir al sujeto que mira como efecto de esta presentación, constituirlo precisamente como mirada; es hacerlo reconocerse en el afecto erótico o estético (la amistad, el placer) y como autor, como pintor propiamente dicho o espectador por delegación de la mirada. (Marin, 1993: 12).

En este sentido, cabe reconocer aquí una transformación subrepticia de la ontología en una necro-metafísica que hace de la imagen el reverso de una teología política de la mortificación y la trasfiguración como operador privilegiado de la mostración en tanto presentación de lo muerto reconstituido por la indicación de una ausencia que no es falla sino vacío. Pero se trata, al mismo tiempo, de un vacío "hiperdeíctico" puesto que, en el fondo, toda representación es una desfiguración que esconde el verdadero retrato que, invisible, se esconde en nuestra propia singularidad que deviene, de este modo, en "verdad trascendente invisible de nuestra mortalidad" (Marin, 1997: 279-280). Ciertamente, Leonardo escapa a este encuadramiento metafísico de la imagen como representación pues sus obras no están en lugar de ninguna ausencia, no se presentan como vicarias de un Otro presupuesto, en última instancia, como el real de la muerte (en el sentido del quiasmo de nuestra propia finitud o como destino absoluto del mundo).

Esto sucede de ese modo dado que en lugar de re-presentar, las imágenes en Leonardo fabrican aquello que designan y lo vuelven un ícono de lo real más allá de cualquier modelo. Sus imágenes coinciden, por así decirlo, con el propio mundo que figuran. Y,

   FABIÁN LUDUEÑA ROMANDINI

cuando resulta retratado el mundo invisible de los dioses antiguos
o las figuras de la historia de la Salvación, sus imágenes tienen la
potencia de hacer ver no una representación sino de instilar lo divino
en este mundo. De esta forma, no existe deconstrucción más eficaz
de la onto-teo-logía occidental que la contemplación de una imagen
de Leonardo. No se trata, en el gesto de la ontología analéptica, de
liberar a la escritura de la metafísica sino, a la inversa, de liberar a
la metafísica de la escritura para comprender que la imagen puede
tener la auténtica fuerza subversiva del Ser.

Las imágenes, habitadas materialmente por la invisibilidad
de lo trascendente, se tornan una implantación inmanente de la
fuerza misma del Ser que se deja ver según el velo particular de la
figuración. No existe en su pintura, por tanto, ningún Otro que
permita su presentación vicaria en la desfiguración sino, al contrario,
la multiplicación material de las potencias de los diversos mundos
que acaecen, precisamente, en ese espacio metafísico que otorga
consistencia al Ser y que solemos llamar imagen. En este sentido,
la imagen es el Ser como figuración de sí mismo y su analepsis y
resulta un inductor, en este mundo, de todas las existencias de los
diversos mundos posibles que colisionan, por un instante, en la
figuración de una pintura. El hecho de pintar, en ese sentido, es
indisociable de un acto de magia performática de la (trans)realidad
de los mundos posibles.

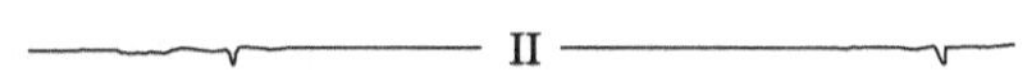

II

El *Retrato de Cecilia Gallerani*, amante privilegiada de Ludovico
Sforza, remonta a los años de Leonardo en la corte de Milán. En
términos filológicos, se ha conjeturado con razón que la presencia
del inquietante armiño (aun si zoológicamente se trata, en reali-

dad, de un hurón blanco) evoca fonéticamente a *galée*, designación griega del armiño, animal que simboliza la moderación y la pulcritud en el folclore popular bien conocido por Leonardo, quien anotó: "moderación refrena todos los vicios. El armiño prefiere morir a ensuciarse" (*BK*, II, 321). Si se toma en cuenta que el armiño es una representación emblemática del propio Ludovico, se puede conjeturar que el cuadro hace referencia a las relaciones políticas entre Fernando I de Nápoles y Ludovico dado que este último, justamente, fue nombrado por el primero miembro de la orden del Armiño en 1488 (Pedretti, 1990: 161-181).

En cambio, si se coloca el énfasis en Cecilia, que estaba embarazada de Ludovico cuando este iba a desposar a Beatrice d'Este, se podría traer a colación el mitologema de Alcmena en *Las metamorfosis* de Ovidio o el *De natura animalium* de Eliano. En el sistema mitológico, la esposa de Júpiter hace todo lo posible por impedir el nacimiento de Hércules, el hijo de Alcmena y el dios supremo, recurriendo a la ayuda de Ilitía, diosa que presidía los partos. Los planes de Juno fueron malogrados por la esclava de Alcmena, Galantis, quien por esta osadía fue transformada en comadreja, una variante aceptable para la presencia del armiño (Moczulska, 1995: 55-76). De hecho, Plinio trata al hurón como una variante de la comadreja y estas últimas están asociadas al proceso de la procreación (Plinio, *Historia Natural*, VIII, LV) según una tradición que, en tono moralizante, asimismo persiste en la Edad Media (*Physiologus*, XXXV). Ambas exégesis, ciertamente, no resultan incompatibles entre sí dada la polisemia a la que Leonardo podía recurrir a sabiendas.

Sin embargo, lo decisivo no se encuentra allí, incluso si estas variaciones eruditas resultan indispensables para una recta comprensión del cuadro. En todo caso, más allá de las variantes, no



FABIÁN LUDUEÑA ROMANDINI

cabe duda de que Ludovico estaba inextricablemente asociado a la figura del armiño como bien lo prueba un soneto de Bernardo Bellincioni titulado *Della Prudenzia del Signor Ludovico* que describe al Moro como "el itálico moro, blanco armiño [*l'Italico Morel bianco Ermellino*]" (Bellincioni, soneto 128 = 1876: 178). Al mismo tiempo, el armiño está relacionado directamente con las cualidades del buen gobierno que se hallan explícitamente desarrolladas en el texto conocido como *Fiori di virtù* y del cual Leonardo poseía un ejemplar. Allí podemos leer: "la virtud de la moderación es como el timonel que gobierna la nave, y la ordena [*la virtù della moderanza è come' il nocchiero che' governa la nave', e' la ordina*]" (Gelli, *Fiore' di virtù*, XXXVII).

Con estos antecedentes y más allá de los titubeos de algunos especialistas, cabe señalar que, por un principio de difracción, la figura del armiño representa a Ludovico Sforza según el principio de que no hay mejor representación del soberano que una bestia. Cuanto más inquietante pueda ser el contorno que dibuja la bestia en su figura, tanto más apta se presenta para la representación soberana. El desequilibrio entre el animal y la ternura con la que lo trata Cecilia es una demostración última de esta conjunción de opuestos (aun si el hurón, ciertamente, puede resultar un animal domesticable). En cierta forma podría considerarse que estamos ante la teofanía de una Virgen con el Niño a la manera de un heresiarca de una teología política civil. No es de extrañar, entonces, que sea más decisivo el armiño que la propia Cecilia como lo es el Niño más que la Virgen desde el punto de vista de la historia de la Salvación.

En este sentido, pueden verse las limitaciones de las elucidaciones de Marin que sigue bajo las aporías de la negatividad que denuncia en la ontología occidental pues, estando la muerte como fundamento infundado de toda imagen, sigue persistiendo, no obstante inadvertido, el "menos-de-Ser" y la imagen debe lograr transfigurarse para superar su momento negativo. Al contrario, la Figura que Leonardo nos presenta es eterna. La imagen no representa a Cecilia tanto como a su fuerza. No se trata aquí del problema de la fuerza de la imagen como genitivo de pertenencia sino de señalar que nos hallamos ante una Figura que hace presente una fuerza más allá de la muerte porque, a priori, es ya inmortal.

Al contemplar y estudiar las imágenes de Leonardo no es cuestión, pues, únicamente de rastrear la existencia de un *Nachleben* como querría el método de Aby Warburg, pues esta tentativa resulta necesaria pero insuficiente dado que se requiere una inmersión en la *Über-Leben* que propone el artista, es decir, en el "plus-de-vida" que hace que la imagen nunca sea póstuma sino perenne en el instante de su intemporalidad de la cual sólo la metafísica puede dar cuenta de modo acabado.

En otros términos, la figuración propuesta no está destinada a mostrar a Cecilia o a Ludovico sino a sus emblemas vitales, abriendo así el camino de una imagen que se libera de sus originales a los que ya no re-presenta ni presentifica sino que los indica por otros superíndices metafísicos. En efecto, la imagen no los sindica a ellos sino a su poder inmortal y eterno por vía de la figuración. No hay ser-para-la-muerte en un talismán que es lo que este cuadro intenta ser, vale decir, un dispositivo destinado a capturar para sí mismo la fuerza divina de lo inmaterial no obstante materializado en el cuerpo sutil de la imagen emblemática. No hay que olvidar que, efectivamente, para un artista como Leonardo, la pintura no es un acto estético sino auténticamente mágico, aun si el concepto que cabría utilizar aquí es el de una "magia científica" (a la manera de Pietro d'Abano o Tomás de Aquino) de cuño materialista por oposición a los rituales mágicos tradicionales de tono ocultista que el vinciano rechazaba (Cassirer, 1927: 162), haciendo de la pintura la forma suprema de toda auténtica magia.

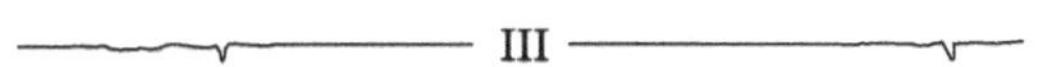

III

Las obras de Leonardo y la proposición, pasible de ser generalizada al arte en su conjunto, no responden justamente al paradigma de la muerte y la transfiguración teológico-política defendido por Louis Marin. Por esta razón, un cuadro como el *Retrato de Cecilia Gallerani* debe desmarcarse de la noción clásica de espectro. De hecho, no existe en Leonardo un espacio epistémico para la espectrología. Ciertamente, existe un lugar para las fantasmagorías pero se trata, precisamente, de un uso traslaticio y atmosférico del término, pues los cuerpos sutiles que conforman el mundo natural y el mundo pictórico son simulacros plenamente materiales. En este sentido, querríamos introducir aquí la noción de matriz extra-espectral para designar el corte que desplaza la obra de Leonardo de cualquier subsunción en el mundo de los espectros que, por definición, deben interrelacionarse con su contrapunto con el mundo de los muertos. Ahora bien, es la muerte como falta ontológica la que precisamente está ausente en los fantasmas pictóricos (lo que no equivale a decir en la obra) del vinciano. El materialismo de Leonardo se anida entre los cuerpos sutiles y lo divino que en nada se asemejan, oportuno resulta aclararlo, al materialismo craso que impera actualmente en el orbe de la hiperciencia.

En un punto que tiene estrecha relación con este problema, Martin Heidegger postuló que "la verdad se acomoda dentro de la obra [*ins Werk*]. La verdad existe solamente como lucha [*Streit*] entre el Claro [*Lichtung*] y la Ocultación [*Verbegung*] en la reciprocidad conflictiva [*Gegenwendigkeit*] de mundo y tierra" (Heidegger, 1977: 50). Al contrario de este principio, la ontología analéptica no concibe la verdad en la obra de arte, así como tampoco la sombra de esta verdad que es la falta también situada según las coordenadas de una misma topología deconstructiva (Derrida, 1978).

En todo caso, la falta se sitúa del lado del pintor como lo ejemplifica el propio Leonardo con sus obras inadecuadamente calificadas por la historia del arte como inacabadas y que, de un modo más preciso, quizá les convendría el rótulo de desobradas. Es el pintor, por su propia estructura ontológica en tanto sujeto atravesado por la analepsis del Ser, quien exhibe una falta que, en contacto con la obra, abre la posibilidad de una verdad. Puede sostenerse entonces que la verdad no se sitúa ni en la obra ni en el sujeto pintor ni el sujeto espectador sino en el triángulo que se construye en su "reciprocidad conflictiva".

La obra, en sí misma, no pertenece al ámbito de lo verdadero y de lo falso sino que se sitúa más allá de ese ámbito epistémico. Con todo, entre el pintor y sus espectadores, con la mediación de la obra, se produce un efecto de verdad que deja traslucir una subjetividad que no coincide exactamente con los cuerpos sino con las fantasmagorías de materialidad pneumática que circula entre ellos en un mundo donde la naturaleza, como sabemos, se halla infusa de potencias sutiles. Ahora bien, no habiendo generado esa verdad, un cuerpo puede no obstante sentirla *après coup* como todo espectador sabe, pues allí reside el secreto de toda fuerza de la imagen. Ciertamente, esta posibilidad tiene efecto si, como lo hace la historia del arte, suponemos que la obra implica un espectador humano. Dicha evidencia, con todo, debe ser cuestionada pues una obra como la de Leonardo está hecha a partir de todos los seres, vivos o inertes, naturales o sobrenaturales, que pueblan el cosmos.

　　　　　　　　　　　　　　　FABIÁN LUDUEÑA ROMANDINI

Cada obra es un espejo del Universo y cada entidad existente se individualiza en tanto convergencia en ese ámbito plural de la visibilidad. En la serie materialista que da lugar a la cadena analéptica del Ser, cada entidad (inhumana, supra-humana, viviente o abiótica) es un sujeto para otra entidad. El lugar del espectador, entonces, es también destronado de un humanismo que nunca existió para dar lugar a las ilimitadas visibilidades materiales que se van refractando entre sí en un espacio en el que el arte es, literalmente, un hacedor de mundos y no de sus reflejos representados. En esa difracción que es la figuración de la pintura se toca el horizonte de la eternidad más allá de cualquier finitud. El acto de pintura, precisamente, está llamado a abolir toda analítica de la finitud y esa propiedad define, con la mayor ambición, su estructura originaria.

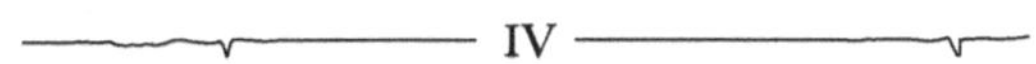

IV

Las inquisiciones de nuestro tiempo sobre los dispositivos tecnológicos y su capacidad para producir obras de arte se encuadran, desde luego, en los *topoi* ya conocidos del aura y de la pérdida de la experiencia abordados por Walter Benjamin. No vamos a restituir aquí los términos de una discusión que resulta harto conocida aun si eso no implica que sea comprendida cabalmente en la misma medida. Hoy en día, sería perfectamente posible hacerse la siguiente pregunta: ¿los efectos visuales de un filtro telemático son equivalentes al *sfumato* que podía crear Leonardo? Una vez planteada la interrogación, las voces a favor y en contra se escucharán, generalmente, sin ninguna comprensión no tanto mutua (lo que, tal vez, carece de relevancia) sino del problema mismo que está en juego. Jacques Derrida pensaba, por ejemplo, que "mediante la democratización técnica, [la fotografía] tiende a destruir el aura y la extravagancia de la pintura" (Derrida, 2003: 195). Hay que reconocer que, en esta afirmación crítica, Derrida le reconoce, a pesar de sí mismo y de modo implícito, una capacidad artística al dispositivo técnico. De otro modo, la proposición carecería de sentido. Por cierto, se podrá decir que el mundo ha decidido vivir sin aura o, lo que es lo mismo, suicidarse al menos desde el punto de vista de una fenomenología de la experiencia o, dicho en otros términos, liquidarse bajo la manifestación de una decrepitud respecto de la forma estética humana como síntoma de una crisis civilizacional sin retorno.

Con todo, sería factible ganar mayor precisión situando la apuesta de un modo más exigente. Admitamos, sin reservas, que un dispositivo técnico puede producir no sólo los mismos sino también superiores efectos artísticos que los seres hablantes. La afirmación no debería suscitar escándalo alguno y menos aun si consideramos que algunas de estas técnicas están imbuidas de una *Artificial Intelligence* que supera en muchos aspectos a la humana y que, según vaticinios tan expertos como interesados, pronto la superará exponencialmente.

En un contexto semejante, lo que debe asombrarnos es que haya existido Leonardo da Vinci, vale decir, que algunos seres parlantes puedan producir un grado de excelencia artística semejante dada la notoria imperfección humana en cualquier aspecto que se la considere de su fenomenología integral. Dicho según otra lógica, lo asombroso no es que una máquina ya sea capaz de lograr o vaya a lograr producir aura algún día sino el hecho de que el ser parlante alguna vez lo haya alcanzado como meta en su historia. Precisamente esta y no otra es la razón por la que a Leonardo se lo califica de "divino", ya que se lo presupone en comunicación con lo

   FABIÁN LUDUEÑA ROMANDINI

supra-humano en grados mayores que otros seres hablantes y, por tanto, configura un caso de máxima excepcionalidad.

Ante el panorama de la singularidad tecnológica, no es preocupante que las máquinas realicen arte sino que resulta imprescindible que los seres hablantes no pierdan esa posibilidad aun si se ven superados por las imágenes (o cualquier tipo de manifestación de lo que hemos convenir en llamar arte) ciberproducidas por entidades de cognición sensitiva superior. Puesto que la fuente del arte nunca se encuentra en el propio artífice, las máquinas tendrán que superar primero, para demostrar sus habilidades, la capacidad de una *póiesis* imaginal que no parezca, justamente, producidas por ellas mismas sino por una instancia superior. Los seres hablantes lograron este paso epocal cuando las imágenes que producían podían ser consideradas una forma de teúrgia tendiente a una iconografía *acheropita*. Las máquinas aún deben dar ese paso pero podemos concederles que, en un futuro, pudieran lograrlo. En ese escenario, lo relevante, volvemos a repetir el postulado, no será que las máquinas logren ese hito sino, al contrario, que los seres hablantes no pierdan esa capacidad. Quizá entonces tendrá lugar una auténtica titanomaquia creadora, entre las máquinas y los seres hablantes, para saber quiénes pueden acceder con mayor intensidad a la dimensión de lo invisible.

Allí se decidirá el sentido profundo del arte como éxtasis del Ser: el ser hablante ha logrado salir de sí mismo y resultar infusionado por las potencias externas del cosmos a las que, no pocas veces, ha cifrado bajo el nombre de la Musa. ¿Podrán las máquinas repetir ese gesto? La respuesta que el devenir epocal otorgue a esa pregunta definirá la batalla. Pero incluso si las máquinas lograran esa meta que, por estructura, parece inalcanzable para ellas, los seres hablantes no deberán jamás renunciar a una rigurosa disciplina interior que les garantice el acceso al horizonte de lo invisible. Si así lo hiciesen, el precio a pagar será verse indefectiblemente condenados a la extinción. Por eso, en el futuro del arte, se juega el destino mismo del mundo de los seres hablantes y de su habitación en Gaia.

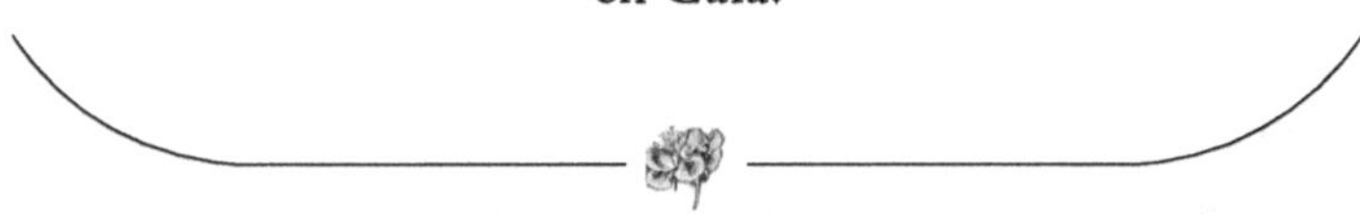

          FABIÁN LUDUEÑA ROMANDINI

Pictura

— I —

Existe en Leonardo un minimalismo de los axiomas en su filosofía de la pintura que es, al mismo tiempo, su filosofía suprema. De ellos se deduce una coherencia de conjunto que habremos de denominar una axiomática de la pintura.

I. "Quien desprecia la Pintura no ama la filosofía ni la naturaleza [...] La Pintura verdaderamente ella es ciencia e hija legítima de la naturaleza [*veramente' questa è' scienza e' leggittima figlia di natura*] [...] todas las cosas evidentes han sido paridas por la naturaleza y de ellas ha nacido la Pintura. Por lo tanto, la llamaremos correctamente nieta de la naturaleza y pariente de Dios".

*BNF, 2038, 20, r; Richter, I, 652; B-K, II, 10.*

Debemos considerar aquí lo que habremos de denominar la triplicidad o equivalencia universal entre filosofía, pintura y naturaleza. Cierto que existe una suerte de jerarquía de emanación: Dios crea la naturaleza, la naturaleza da lugar a la multiplicidad de los entes y estos a la pintura como filosofía suprema. No obstante es igualmente cierto que la escala puede ser recorrida en sentido inverso y, por tanto, por el enlace lógico-ontológico de las emanaciones, la pintura-filosofía puede llegar hasta Dios. De esta forma, se puede ver que la pintura no es simplemente imitación de la naturaleza en sentido estricto puesto que no está disociada de la *physis* como para tener que re-presentarla, volver a hacerla presente, dado que es parte integrante de la misma.

En cierta forma, la pintura es el modo en que la naturaleza se manifiesta a sí misma bajo el régimen de la visibilidad artificial. De allí que, en la cima teórica que constituye el libro de Albert Schweitzer, se haya podido argumentar que hasta la música de Bach, aparentemente abstracta, se pliega al carácter pictórico como principio ontológico y estético (Schweitzer, 1955: 7-25). De hecho, la emulación y superación de la naturaleza también se halla presente como *dictum* en el *De' Pictura* de Leon Battista Alberti (Sverlij, 2022: 96-97). El precedente es ineludible aun cuando, como el propio Jacob Burckhardt recordaba, comparado con Alberti, Leonardo era "lo que es la obra acabada [*Vollender*] respecto del boceto [*Anfänger*], lo que es el maestro [*Meister*] respecto del aficionado [*Dilettanten*]" (Burckhardt, 1930: 82). En ese aspecto, el problema en Leonardo adquiere tonalidades metafísicas que maximizan los propósitos del propio Alberti elevando la cuestión a un rango en el cual la pintura es un operador metafísico de primera magnitud.

En este orden de cosas, la pintura es *episteme*, ciencia, y en cuanto tal, estamos en presencia de la filosofía por excelencia. Ocurre, no obstante, que la pintura puede mostrar el reverso de la propia naturaleza o, en otros términos, presentar con carácter más evidente los aspectos inquietantes o bellos que la naturaleza muestra y, al mismo tiempo, oculta. Puede deducirse, entonces, que la emanación entre naturaleza y pintura no se produce sin sobresaltos. Al contrario, como los dibujos ensortijados de Leonardo lo dejan en evidencia, existe una suerte de dispraxia ontológica que afecta a las emanaciones y, gracias a ella, el Ser puede manifestar sus propias inestabilidades, las fragilidades que hacen que el Orga-

   FABIÁN LUDUEÑA ROMANDINI

nismo como Todo esté siempre resquebrajado por las sombras de sus demonios interiores.

Toda esa emanatividad analéptica puede, no obstante, restituirse en Dios como un Todo de coherencia aunque esto no impide la discrepancia de manifestación que determina a todo lo existente en el mundo natural. Desde este punto de vista, la pintura como ciencia suprema es la encargada de poner en evidencia las inconsistencias del Ser y, al mismo tiempo, de suturar *après coup* las hendiduras metafísicas. Se trata entonces de restaurar, en un equilibrio provisorio, la regularidad de los procesos y la ilusión fundada en un orden estable que, en última instancia, solamente la propia pintura es capaz de asegurar.

II.  "La deidad que posee la ciencia del pintor hace que la mente de este se transmute en una semejanza de la mente divina".

*Urbinas, 1270, 68; Fumagalli, 237-238; B-K, II, 11.*

En este axioma se toca el maximalismo del proyecto de Leonardo. La nigromancia o las artes adivinatorias menores no podían sino ser menospreciadas por Leonardo considerando la amplitud de su ambición metafísica. La pintura como filosofía suprema hace que este pueda, en una suerte de teúrgia natural o de *unio mystica* donde lo sobrenatural es consecuencia de postulados materialistas, convertirse en un ser divinizado, un demiurgo capaz de lo que ningún nigromante podría hacer: crear en el sentido más divino del término. No creación en la naturaleza (ambición del nigromante) sino creación en el límite preciso del lienzo. Pero el lienzo es, desde esta perspectiva, un talismán del mundo y lo que artificialmente allí se pinta no es en absoluto al ente en cuanto tal sino su *potentia*, la capacidad de transmutar la analepsis del Ser en un umbral capaz de llegar más allá de toda ontología.

La pintura no revela, por tanto, la verdad del mundo ni mucho menos la manifestación visible que constata lo existente: al contrario, realiza el acto mágico-natural de dotar a lo existente de una consistencia divina, insuflarle la cualidad de trastocar la creación en una especie de ultra-mundaneidad. La pintura tal como la concibe Leonardo permite a los seres humanos, según un sistema de desvíos semiótico-metafísicos como son las alegorías y las imágenes, poder ver el mundo *sub specie' divinitatis*. No sólo el pintor es divinizado sino que los espectadores y, en definitiva, el mundo todo es subsumido por la presencia de lo divino en este mundo, indirectamente pero del modo más contundente posible, el de la potencia de lo divino entre los hombres.

Ni siquiera el panteísmo averroizante de Spinoza habría de lograr tanto pues no siendo la filosofía de Leonardo una variante de panteísmo aspira a una meta más alta: no es la presencia de Dios en todos los modos del mundo lo que se persigue sino, al contrario, la conversión de todos los hombres en dioses creadores de infinitos mundos. El auténtico *Übersmensch* es el que pregona Leonardo pues este no puede ser una mera continuidad posthumana de un humano que, en el fondo nunca existió, sino que la búsqueda suprema es directamente una analepsis metafísica que permita que los hombres devengan dioses que, lejos de tomar el cielo por asalto, ocupen más bien el lugar para el que, desde toda la eternidad, estuvieron destinados.

Así, la pintura es también vocación, llamado último para que lo vivientes despierte a la cadena infinita de metamorfosis que habrán de elevarlo en la jerarquía de las emanaciones que puedan hacer del cosmos entero un reino divinizado. Un paraíso al que se accede sin Juicio ni culpa pero cuyo secreto de entrada sólo el pintor-filósofo puede guardar secretamente en el sentido de ser su custodio inconsciente. De allí que todo pintor también deba atravesar un proceso de rigurosa disciplina y aprendizaje que nunca termina pues su propia potencia demiúrgica se le oculta a sí mismo hasta que no alcance su propia *metabolé* existencial que lo ligue a las propiedades de lo divino.

III. "La Pintura representa ante el sentido con mayor verdad y certeza las obras de la naturaleza que lo que lo hacen las palabras o las letras, [...] diremos que es más admirable la ciencia que representa las obras de la naturaleza que aquella que representa las obras del operador, esto es, las obras de los hombres, que son las palabras, tal como es la Poesía y sus semejantes, que transcurren por la lengua humana".

*Urbinas, 1270, 2; Fumagalli, 238-239; B-K, II, 12.*

El tercer axioma da cuenta de una cesura epistemológica. No es la letra filológica, ejemplificada en el paradigma galileano, la que sostiene la certeza de toda *episteme*, como han creído los Modernos hasta la lingüística contemporánea de la primera mitad del siglo XX. Al contrario, la letra es puramente humana y, por eso, incapaz de dar cuenta de aquello que la sobrepasa ontológicamente. La pintura no depende de la letra ni responde por ella pues su arte es la imagen teúrgica. La letra puede inspirar apenas una cenotimia que hace que los hombres experimenten sus cuerpos; la pintura eleva esa fenomenología primaria y la reconfigura como voluptuosidad de las superficies y divinización de lo sensible.

La letra puede demarcar al sujeto sexuado pero la pintura hace trascender la marcación en índice de un plus-de-vida cuya catarsis celestial no se dice con la letra sino que se experimenta con la materialidad del cuerpo atravesado por la imagen. La imagen del mundo sublunar es, por perfecta equivalencia metafísica, superíndice de

la plasticidad divina que el cosmos ofrece como trazo imaginal de
Dios. Un corolario decisivo, empero, se desprende de la axiomática
de la triplicidad y este consiste en la afirmación según la cual sólo
hay un camino para que la letra pueda adquirir potencias divinas:
su inversión, vale decir, la búsqueda de su reverso. Esta será, nada
menos, la tarea que le asignará Leonardo a la escritura en espejo.

II

Durante el último año de su vida, Ludwig Wittgenstein llevó adelante una reflexión sobre los colores destinada, entre otros objetivos,
a demoler la teoría homónima de Goethe. Sin embargo, como no
podía ser de otro modo, todo el proyecto es un testimonio último
de Wittgenstein sobre las imposibilidades y el destino místico de
la filosofía en su ocaso occidental. No es entonces casual que la
pintura se haga presente en su escrito. Podemos así, por ejemplo,
imaginar que alguien pinta "un trozo de la naturaleza [*Stück der
Natur*]" y este procedimiento es llevado a cabo con "colores fieles a
los originales [*naturgetreuen Farben*]". Sin embargo, la duda asalta
de inmediato: "¿cómo determino sus nombres [*Wie bestimme ich
ihren Namen*]?" Sobre todo porque, según la "vecindad/entorno
[*Umgebung*]" los pigmentos podrían verse diferentes que el de las
paletas de colores (Wittgenstein, 1977: III, 68).

Por cierto, no hay que entender aquí simplemente que los colores pueden verse afectados en su percepción por la cercanía y la
interacción con el medio y los otros colores puesto que, en efecto,
esta es una situación a la que todos los pintores están perfectamente
acostumbrados a corroborar o, incluso, a fomentar. Al contrario,
la proposición establece que los fenómenos de la naturaleza que
llamamos "colores" no son tales en el lenguaje sino por medio de

 FABIÁN LUDUEÑA ROMANDINI

un juego que los determina en cuanto colores a partir de las reglas internas de la lógica de su determinación en el habla. El corolario se impone: hay una completa evanescencia de los colores en la naturaleza y buscar apresarlos en la red de los nombres es perderse en el laberinto insondable del sinsentido filosófico.

La concepción de Leonardo es enteramente diferente aun si, paradójicamente, comparte con Wittgenstein la idea de que los colores son todo menos una evidencia empírica autoimpuesta de manera clara y distinta. En el caso de Leonardo, "el color del objeto iluminado participa del color del cuerpo que lo ilumina" (*McCurdy* = *Bibliothèque de l'Institut de France*, *G* 37 r.). Existe, por tanto, en la conformación del color una metafísica relacional de los cuerpos que ponen en entredicho la sustancialidad de un posible carácter autónomo para difuminarse, ontológicamente, unos sobre otros gracias a la acción desmaterializadora de la luz. Esta concepción metafísica del color, de cuño aristotélico, se manifestará en Leonardo a través de su teoría de lo diáfano.

En efecto, como señala Aristóteles, inspirándose en el legado platónico que cuando de un viviente animal se trata, "tanto el aire como el agua son medios transmisores del color al ser ambos diáfanos [*diaphané*]" (Aristóteles, *De anima*, 425 a). Ciertamente una de las más difíciles doctrinas de Aristóteles, el problema de lo diáfano habrá de instituirse como una auténtica obsesión medieval como es el caso cuando Alberto Magno recuerda que "la inteligencia es el lugar de las especies inteligibles como lo diáfano es el lugar de los colores" (Alberto Magno, *Metaphysica*, lib. XI, tract. I, cap. IX = Duhem, 1917: 459).

Leonardo podrá hacer suya esta tradición afirmando que "la superficie de todo cuerpo toma prestado un poco del color del cuerpo iluminante: y también del color del aire que se interpone entre el ojo y este, es decir, el tinte del medio diáfano que los separa" (*McCurdy = Bibliothèque de l'Institut de France, G 53 v.*). Es decir que el color no sólo es una indiferenciación de los cuerpos ónticos sino que, lejos de ser una amalgama de juegos lingüísticos, pone en escena un tercer elemento que constituye lo diáfano, el cual permea el espacio entre los cuerpos y el ojo dando como resultado una fantasmagoría metafísica donde el sujeto y el objeto no encuentran tan sólo los colores en su mutua interacción sino que los adquieren como accidente de un medio tercero (una suerte de *tertium quid*) que los ilumina y exo-determina cualitativamente.

Los colores, de esta forma, adquieren una cierta autonomía que los transforma en operadores ontológicos en la constitución fenoménica de los cuerpos visibles. Sin embargo, la consecuencia que de ello se extrae es que, gracias al color, ningún cuerpo puede reivindicar para sí mismo el privilegio de poseer una autarquía óntica en el mundo pues resulta materialmente infusionado por el velo de lo diáfano como operador de visibilidad. Finalmente, el color es una categoría modal de *relación* de una metafísica materialista de cuerpos in-sustanciales que devienen visibles bajo la eficacia del poder manifestante de la luz. Un carácter ontológico, pues, para la luz que tiene una profunda conexión con el neoplatonismo florentino de Marsilio Ficino que, en este punto, se puede concordar plenamente con Aristóteles (Bayer, 1933). Se deduce, entonces, que los colores son el componente insoslayable de la fenomenología fantasmagórica que circula entre los cuerpos y de los cuales es su condición material de posibilidad.

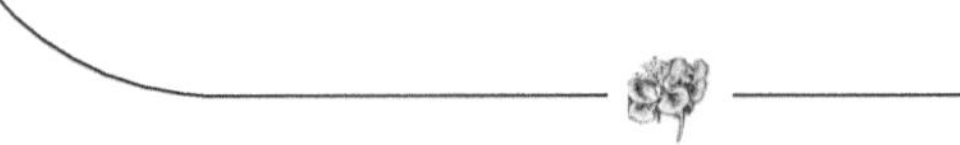



FABIÁN LUDUEÑA ROMANDINI

*Speculum.*

# Subversión de la
# archi-huella metafísica

## I

El carácter precipuo del espejo en las artes y en la filosofía de Occidente ha sido magistralmente demostrado (Baltrušaitis, 1978). Ahora bien, el espejo en Leonardo cumple una función por entero diferente a sus predecesores y crucial hasta el punto de convertirse en un auténtico operador insoslayable —aunque hasta ahora inadvertido bajo esta perspectiva— en la subversión de la historia misma de la metafísica occidental. La concepción de la figuración que intentamos aquí, a partir de las fuerzas propias de la *psykhé* en su encarnadura corporal, debe tomar en consideración un pasaje aristotélico que ha marcado de manera durable todo el camino de la metafísica occidental:

> Los sonidos emitidos por la voz [*phoné*] son símbolos de las pasiones del alma [*pathêmata tês psykhês*] y las palabras escritas [*ta graphómena*] lo son de las palabras emitidas por la voz [*tà en tê' phonê*]. Y del mismo modo que la escritura no es la misma para todos los hombres, tampoco las expresiones vocales son las mismas. Sin embargo, las pasiones del alma de las cuales estas expresiones son los signos inmediatos resultan idénticas para todos como también sucede con las cosas de las cuales estas pasiones son semejanzas [*homoiómata*]. (Aristóteles, *De interpretatione*, 1, 16ª 2-9).

Sobre este texto, Jacques Derrida ha oportunamente señalado que "las afecciones del alma" puede Aristóteles omitirlas del análisis por efecto de "transparencia" (Derrida, 1967(a): 22). Es un modo de expresar, para Derrida, que el alma no es una sustancia sino un efecto logológico o bien un presupuesto logo-transcendental y, por ello mismo, sin valor ontológico. De esta forma, el "logocentrismo" (que es también "fonocentrismo") es "solidario con la determinación del ser del ente como presencia" (Derrida, 1967(a): 23). De allí que pueda existir "una ligazón de esencia entre el *logos* y la *phonè*" (Derrida, 1967(b): 14) puesto que es "el poder de la voz" el que permite que "la metafísica, la filosofía" determinen, como establecíamos hace un momento, al ser como presencia, lo cual a su vez inaugura "la época de la voz como dominio técnico (*maîtrise technique*) del ser-objeto (*être-objet*)" [Derrida, 1967(b): 84].

La deconstrucción derrideana pivotea sobre la *phonè* o el *grámma* como dos caras de una metafísica de la presencia que no termina de ser superada, pues incluso Derrida toma su impulso de la obliteración de la *psykhé* como entidad existente al someterla a un escrutinio anti-metafísico. En otras palabras, la *psykhé* sólo deviene aceptable por medio de una especie de denegación cripto-fundante o bien como una espectralidad propia del lenguaje. Si bien el mismo Derrida reconoce y, por ende, endilga a Edmund Husserl que jamás llegó a pensar en qué consiste realmente esa *psykhé* (Derrida, 1967(b): 14), no puede decirse que la deconstrucción haya avanzado mucho más allá de la enunciación de un camino que jamás recorrió, pues para esto hubiera debido construir una metafísica propositiva que, si bien a veces se puede entrever aquí o allá, en los márgenes de las obras del propio Derrida, una denegación estructural le ha impedido, al propio filósofo, adentrarse en el sendero interdicto por su propio rigor metodológico.

   

El psicoanálisis de raigambre lacaniana, donde quizá muchas de estas ideas de Derrida encontraron un *locus* primordial de inspiración, no mostró un mejor camino de salida pues, nuevamente, el acento colocado sobre la escritura y la voz obliteró cualquier metafísica de la *psykhé*. En ese sentido, tal vez no sea una casualidad que Jacques Lacan haya hipotetizado, en efecto, con poca sutileza y algo de provocación rayana con la aversión, que la escritura en espejo de Leonardo sería el correlato existencial de su inversión sexual, una forma de "alienación radical" (Lacan, 1994: 435) donde el otro imaginario se torna un Amo destructivo que hace que el ser se olvide a sí mismo.

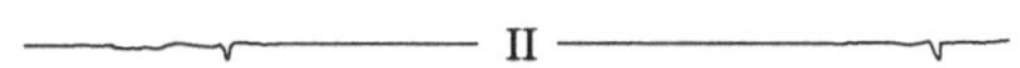

II

Una de las más brillantes filosofías heterotópicas del espejo ha sido elaborada por Michel Foucault cuando ha señalado que "en el espejo, me veo allí donde no estoy [...] una suerte de sombra que me otorga a mí mismo mi propia visibilidad, que me permite mirarme allí donde estoy ausente [...] es a partir del espejo que me descubro ausente en el lugar donde estoy" (Foucault, 2001: II, 1575). Este camino ha podido ser profundizado hasta sostener que en el espejo existe "una pura imagen sin conciencia y sin cuerpo". En otros términos que radicalizan los enunciados de Foucault, se puede aspirar a proponer un auténtico cogito especular: "ya no estoy más allí donde existo ni allí donde pienso" (Coccia, 2011: 41-42). Postulamos, en consecuencia, que Leonardo, por medio del espejo, construye un dispositivo filosófico que permite un proceso que cabe denominar, técnicamente, de diáspasis de la metafísica. El término designa, en este punto, la capacidad de alterar, desde los fundamentos, los

postulados de la metafísica de la presencia en la era de su esplendor sin necesidad de que esta llegue a su fin para evidenciar sus
presupuestos limitantes.

De esta forma, el espejo es el instrumento cardinal y el punto
de anclaje experimental más conspicuo del materialismo analéptico
de la filosofía de Leonardo. El espejo es la muestra cabal de que no
existe el *cogito* de un sujeto en su propia ipseidad y la conciencia,
fenomenológica o de cualquier otro tipo, no puede nunca siquiera
constituirse por sus propios medios. Esa ficción queda completamente abolida una vez que la filosofía del espejo toma su lugar para
mostrar que el sujeto se constituye como un efecto del mundo en
la superficie de una imagen, en este caso, gracias a la mediación
especular. A partir de allí, el lenguaje, la conciencia y hasta el propio cuerpo serán epifenómenos del cosmos que los exo-formaliza
como instancias de lo real.

El espejo es un instrumento para *Homo* que experimenta, por
ese medio, la constitución no de su propio yo sino, al contrario, la
disolución de su identidad en el océano del mundo. Sólo el efecto de
la imagen que el espejo devuelve, tiene el efecto de reducir esa multiplicidad en la singularidad plural de un proceso de individuación
provisoria. Por eso el pintor tiene siempre en el espejo el recurso que
le permite volver a multiplicar las imágenes del mundo y asegurar
su transfiguración con el propio cosmos. La experiencia del espejo
se erige, entonces, como condición trascendental de posibilidad de
la pintura como arte supremo. Leonardo, que había comprendido
esta casuística mejor que ningún otro maestro renacentista, llevó el
experimento hasta su radicalidad máxima al tocar la *arché* de toda
metafísica, la grafía, con su dispositivo especular y recordar que,
un objeto operativo de simple estructura, podía ser el caleidoscopio
metafísico para acceder a la analepsis que, una vez producida, deja

   

entrever la plurivocidad óntica en la que se desgrana el Ser desmaterializado, en una aparente paradoja, según el influjo de la materia misma de la especularidad imaginal.

—— III ——

El inventor de los ideogramas chinos se reduce a un nombre mítico: Cang Jie. Lo mencionan textos de venerable antigüedad como el *Libro del maestro Han Fei* o *Los anales del caballero Lü*. Sabemos más detalles sobre la invención de la escritura china gracias a la *Recopilación general del Salón de la Literatura de la dinastía Han*, monumental obra de Huang Shi de la dinastía Ming que tuvo a bien compilar numerosos textos de la dinastía Hang sin introducir modificaciones. Gracias a esta última compilación sabemos que

> Cang Jie creó las grafías inspirándose en los trazos de la Naturaleza en general, es decir, en la forma curvada de cierta constelación, en las formas de los dibujos de los caparazones de las tortugas, en las rayas del plumaje de las aves, en los trazos que dibujaban los cauces de agua por los montes y los valles, y en las huellas que dejaban las aves en la arena. De este modo, Cang Jie aunó en la escritura tanto modelos celestes como terrestres. (García-Noblejas, 2007: 153).

La mitología china de la escritura no funciona tanto como contrapunto sino, al contrario, como paradigma de todo modelo escriturario y, por tanto, relato alterno de la onto-teo-logía occidental. En el caso chino, no se trata de una archi-huella sino de una especie de *shifter* metafísico o de índice que, bajo la apariencia de inscripción, se diluye como umbral. De esta forma, no se presenta como un trascendental sino que, al contrario, permea el mundo en su totalidad. No se trata, pues, de que el mundo sea un texto como pudo pretender la semiología, sino que todo texto está imbuido de naturaleza, es cosmos infuso. De este modo se puede pasar de la legibilidad del mundo al paradigma alterno del ser-mundo-infuso de lo escrito.

La Letra cae porque no es expresión de una psique individualizada sino del cosmos mismo que habita el cuerpo de los seres hablantes que dicen, justamente, la exterioridad ilimitada de la naturaleza en la interioridad intensiva de los cuerpos como microcosmos metafísico. No se trata, tampoco, como suponía Barthes, en este caso para el japonés, de concebir al signo como "vacío de la palabra [*vide' de' parole'*] que destituye al sujeto en la escritura" (Barthes, 2002 (b): 8).

En este sentido, para Lacan no hay archi-escritura o escritura primaria pues si para Derrida la Letra precede al Lenguaje, en el caso de Lacan, el Lenguaje es anterior a la escritura y la Letra. Así pues, el significante, distinto de la Letra, es el sujeto y la Letra constituye un real. En cambio, el escrito se fabrica a partir del Lenguaje. La Letra es consecuencia del Lenguaje y, por tanto, es *après coup*. Sobre estas bases, Jacques-Alain Miller ha querido destituir el valor de la escritura en espejo de Leonardo: "la ciencia reposa su escritura en las letras pero ¿produce sin embargo una caligrafía? […] incluso si la escritura de Leonardo da Vinci es linda, no se puede decir que sea una caligrafía" (Miller, 2018: 26-27).

No obstante, la escritura inversa o especular de Leonardo no es una como-grafía justamente porque no es una grafía ni una caligrafía ordinaria dado que el espejo pone en entredicho todo anclaje gráfico y le otorga un estatuto imaginal a una escritura que se vuelve independiente de la grafía adquiriendo así un estatuto ontológico diferencial. De este modo, la función especular hace de la *imago* en espejo el punto de subsistencia ontológica y, por tanto, de legibilidad de la escritura inversa. De esta forma, se trata de una *imago* desprovista de su *arché* en el *grámma*. Se constituye, de este modo, una *imago anagráfica* cuyas propiedades desligan a la escritura de su grafía en el cuerpo y en la *psykhé*. Ahora, la *imago* deviene espejo cósmico y el lenguaje encuentra su desligamiento metafísico al mismo tiempo que halla su naturaleza más propia como vía regia de acceso a los espacios siderales extra-humanos. Leonardo, con su escritura, invierte y sub-vierte, *avant-la-lettre*, la historia de la onto-teo-logía y su destino. Como se puede constatar, no hace falta arribar al final de la historia para desquiciar las formas posibles de la metafísica. En cualquier momento de su devenir histórico, la onto-teo-logía puede dinamitarse a sí misma y abrir el camino hacia una ontología analéptica.

Precisamente la escritura inversa, a través del dispositivo del espejo, produce una analepsis metafísica, una alteración de la historia del Ser como grafía y, por lo tanto, libera al Lenguaje del destino de la Letra para devolverlo al cosmos. La imago escritural puede así ser la base de una *psykhé* hasta ahora inédita que incluya en su seno no sólo a los seres hablantes sino a la totalidad de los existentes cósmicos. En cierta forma, el territorio al que permite acceso la *imago anagráfica* es la que pueblan todas las demás imágenes pintadas o dibujadas por Leonardo y de las cuales esta suerte de *Ur-imago* se ha convertido en su condición de posibilidad.

Por cierto, el sujeto no es la *Ur-imago* sino los infinitos puntos que convergen en el espejo para individuarse fugazmente en su superficie. Dicho en otros términos, la subjetividad se produce como *haeccitas* que aquí hay que entender como cualesquiera entidad humana, in-humana, visible o invisible que sea capaz de soportar su determinación (in)existencial por mediación del cosmos como espejo metafísico supremo del cual el espejo de la escritura inversa se instituye como su cifra microcósmica. La interacción entre uno y otro es lo que denominamos un *influxus* como categoría decisiva de la ontología analéptica. Salvo que el *influxus* puede ser también acosidad y dar cuenta de su índice: la angustia.

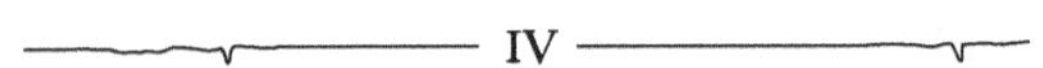

IV

Resulta en extremo fructífero indagar la recepción de este núcleo reflexivo en Oriente, por ejemplo, si consideramos el sufismo. En el *Maratib Al Wūyud* de Abdul Karīm Al Yilī podemos leer que la Naturaleza Inmaterial constituye un nivel metafísico superior: "es la naturaleza pura, despojada de los elementos [*ustuqsat*] y las bases fundamentales [*arkan*, singular *rukn*] que la recubren, según los cuales Dios Altísimo ha creado al universo. Esta naturaleza es a dichos elementos como es la tinta a las letras cuando se trazan, o la voz cuando éstas se pronuncian" (Troyos, 2021: 65). Como puede verse, también en el sufismo ha sido posible una configuración metafísica de la Letra cercana a lo que Leonardo había postulado puesto que, tanto la Letra como la Voz, intervienen aquí cuando la naturaleza, todavía despojada de sus elementos, es inmaterial pero intenta seguir el camino que la llevará a devenir materia. En este punto, la Letra y la Voz, nuevamente, no encuentran su lugar más propio en el primado de la *arché* fono-gráfica sino en el umbral cósmico que permite el pasaje entre el universo mundanal, el universo interior y oculto de la existencia postrera que abre un lugar a la imaginación y, finalmente, el mundo de los arquetipos [*'alam al matāl*] (Troyes, 2021: 66).

En este sentido, todo viviente humano no es sino una copia de entidades universales cuyos operadores de pasaje son la Letra y la

Voz que no actúan como la marca del fundamento de una metafísica sino que, al contrario, son los escalones que permiten atravesarla hacia un cosmos que encuentra su *arché* en un Soberano de los arquetipos. Que el soberano divino utilice la Voz en la Creación no la hace fundante de una metafísica sino, en todo caso, instrumento de una teología. En todo caso, Letra y Voz no son un fundamento sino, más precisamente, un medio metafísico supra-mundano que da cuenta del carácter inhumano de todo trazo gráfico y de su sombra vocal. La transformación de principio fundante en medio, que aquí se sustancia, des-fonda a la Letra y la Voz de su componente central en la metafísica para desplazar el acento sobre la imagen arquetípica. Las consecuencias de tamaña transformación, como acabamos de sugerir precedentemente, afectan la raíz de todo filosofar.

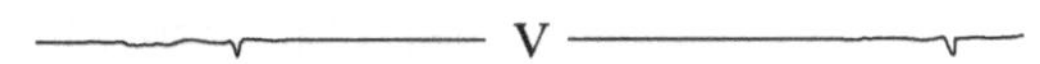

En 1974, Jacques Lacan toma la palabra en Roma para intentar, por tercera y última vez, renovar con su enseñanza, el decurso del psicoanálisis de su Escuela y más allá. Se trata de un hito en la historia de la anti-filosofía. En aquella ocasión se establece, con maestría, que el significante-unidad es la letra que escribe el síntoma y, a la vez, es el punto de partida de la ciencia galileana (Lacan, 2021). Leonardo, al contrario, muestra que el Lenguaje es segundo respecto de las potencias indomeñables del cosmos que no se dejan atrapar en la Letra. La escritura de Leonardo dice el reverso de la Letra. Dicho reverso coincide con su des-materialización gráfica para dar lugar a su materialización imaginal. La letra espejada habita el tiempo suspendido del "todavía-no". Todavía no es cuerpo, no es realidad, no es imaginario, no es esencia. El "todavía-no" es el hueco analéptico del Ser que permite entrever la superación de la metafísica clásica.

En la anagrafía imaginal se suspende el tiempo y deja de tener sentido el espacio. Por un instante, es posible contemplar algún anudamiento inédito para una ciencia nueva más allá del hiperletrismo de la ultra-ciencia contemporánea así como vislumbrar una *Psykhé* que trascienda la identidad del goce como asiento del yo. Se trata de acceder a la posibilidad de mostrar que el Ser, el místico "más allá del Ser" y el lógico "allende el Ser" no son el límite sino que, como estructuras, se constituyen todas ellas *après coup*. Son la forma tripartita de la instancia analéptica que las precede y determina desde un campo que ninguna metafísica ha podido alcanzar todavía.

De allí lo grotesco de los esfuerzos por psicoanalizar a Leonardo. A contrapelo de los intentos sintomáticos de los psicoanalistas anti-filósofos, Leonardo no era un "caso" sino el primer esbozo de la ruina de las posibilidades de Psique tal como la historia de la onto-teo-logía, de la que el psicoanálisis es heredero, la había podido inscribir en lo real. La escritura en espejo permite que la Letra devenga una suerte de *diagrafía anamática* donde todo letrismo es desligado de su inscripción como trazo. A partir de allí, se disipa la ilusión que hacía del *Lógos* una prestación humana para devenir un umbral a través del cual, en el reverso de toda Letra, se pone de manifiesto un vacío que no es absoluto (como pensaba Barthes) sino, al contrario, un pasaje de mundos. Desescribiendo la Letra como legibilidad y trazabilidad, el *Lógos* puede devenir soporte de las potencias in-humanas del cosmos.

No hay hablante, por consiguiente, que no sea la conjunción, precaria pero efectiva, de elementos de cosmos plurales que pasan por los cuerpos sin sustanciarse sino, al contrario, incidiendo como influjos. El *Lógos*, en consecuencia, solo puede tener la posibilidad de crear seres hablantes si antes asume que es la condición para la emergencia,

 FABIÁN LUDUEÑA ROMANDINI

en el cuerpo imaginado y por tanto real de *Homo*, del cosmos en tanto mico-captación de una pluralidad supra-celeste. Pluralidad incompleta por definición y de sutura imposible por estructura pero que desarticula lo dicho en lo escrito para des-trazarse y, de ese modo, dar lugar a lo materialmente invisible. De esta forma, no hay otra *Psykhé* que no sea la individuación de puntos convergentes de un multiverso ilimitado.

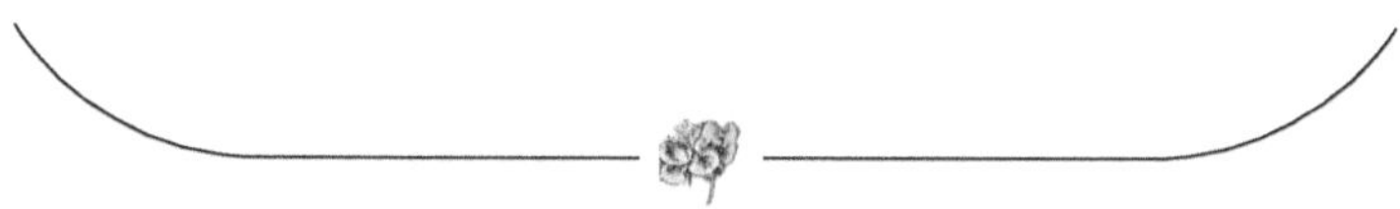

# Técnica

## I

Ante la constatación de que Leonardo es un artista pero también un constructor y un ingeniero provisto de un doctrinal de la ciencia propio que resulta tan escrupuloso como preciso (Zubov, 1968), se impone una reflexión sobre el problema de la concepción de la técnica del Vinciano. Ciertamente, yerra en modo severo Martin Heidegger cuando supone que la *tekhné* de los Antiguos abarcaba lo que hoy entendemos por "bellas artes (*schönen Künste*)" y sólo una generalización anacrónica como la suya puede identificar la producción de la *tekhné* antigua a algo distinto de un oficio, entre tantos otros, dedicado a la constitución de imágenes y esculturas. Resulta legítimo, en cambio, inquirirse si la *tekhné* que Leonardo propone como constructor e ingeniero supone una suerte de *Gestell*, vale decir de "provocación [*Herausforderung*]" que arranca a la naturaleza su energía para acumularla como dispositivo de extracción de su matriz transformando así al destino (*Geschick*) en peligro (*Gefahr*) y distorsionando el sentido originario de la técnica como desvelamiento del Ser (Heidegger, 2004: 31-32).

Si bien para Aristóteles "no existe ningún arte [*tekhné*] que no sea un modo de ser para la producción [*póiesis*]" (Aristóteles, *Ética nicomáquea*, VI, 4, 5-10) que versa sobre lo contingente mediante las reglas precisas del artífice, el caso de Leonardo se distancia, a la vez, de Aristóteles y del diagnóstico de Heidegger. De Aristóteles porque el arte para Leonardo no toca ya lo contingente sino lo necesario hasta su elevación en lo divino. Pero también queda subrepticiamente alejado de Heidegger porque la técnica en Leonardo no resulta de una acción del ser humano, sino que constituye una propiedad de la naturaleza misma que debe ser imitada. En este sentido, la *tekhné* en cuanto tal es el nombre ontológico de la naturaleza que, por la misma razón, es técnica en ejercicio que el artista debe emular y, si es posible, superar.

Empero esta posición no implica, bajo ningún aspecto, transformar a la Naturaleza en un recurso de explotación donde el Ser se transforme, en una inesperada mutación, en un ente portador de materia extraíble para la industria humana. El quiebre en la onto-teología que supone la concepción de Leonardo es decisivo. La técnica propugnada por Leonardo es teúrgica y, por tanto, se instaura como una tecno-ontología diferencial. Se coloca, de este modo, más allá de los griegos pero también de los propios Modernos hacia un futuro que no sabemos todavía si logrará captarlo en su verdadero anhelo teórico-artístico. La *tekhné* de Leonardo no es la de Heidegger. Se aparta de ella y la supera por exceso y ambición.

Ciertamente, en el siglo XV da comienzo un movimiento continental europeo de orden conceptual y práctico que afecta la noción de "máquina" que manejan los filósofos. Se trata, nada más y nada menos, que de la Ultra-historia de la técnica como titanismo. La dignidad de la máquina como concepto filosófico no ha merecido suficiente atención en los períodos anteriores al siglo XVII salvo las honrosas excepciones que han señalado su pregnancia como uno de los elementos que, efectivamente, pusieron fin al milenario diseño civilizatorio conocido como "Edad Media" (Rossi, 2017).

Con todo, Leonardo, en una compleja mixtura de los Antiguos con las herencias escolásticas, es tributario de una noción de máquina que resulta, al mismo tiempo, novedosa respecto del pasado pero no sigue el camino que luego tomará la filosofía y la ciencia hacia el titanismo y la conquista técnica del orbe en su totalidad. Cierto es que Leonardo admite que "la ciencia instrumental o maquinal [*la scientia strumentale over machinale*] es muy noble y la más útil por encima de las demás" (*Richter II, 1154; Fumagalli, 57-58; BK, II, 158*). Con todo, desde la máquina voladora vertical hasta el puente giratorio, del anemómetro hasta los relojes, el doctrinal teórico que sostiene estos movimientos no dan cuenta de una naturaleza sobre la que deba ejercerse un dominio.

Las máquinas, en ese conjunto conceptual, son una imitación o prolongación de la propia *tekhné* presente en las propiedades intrínsecas de la naturaleza Si un pájaro es, además de un ente biológico y estético, un "instrumento operante", los seres hablantes lo pueden reproducir técnicamente y dotarlo del alma del hombre (*CA, 434, r.a.; BK, II, 265*). Sólo en este sentido, la técnica y la construcción son, para el Vinciano, una segunda naturaleza. Sabemos que la Naturaleza de Leonardo no es irenaica ni pacífica y de allí que no sea extraño que, dada la propia destructividad que es parte constitutiva de la *physis*, haya concebido máquinas de guerra aun si tuvo tiempo de arrepentirse de las potencialidades de algunas de ellas como, por ejemplo, el submarino:

> Cómo y por qué no escribo mi método para estar debajo del agua [*star sotto l'acqua*] el mismo tiempo que puedo estar sin comer, cosa que no publico ni divulgo por las malas naturalezas de los hombres [*per le male nature delli omini*], quienes lo usarían para asesinar en el fondo de los mares al romper el casco de las naves y sumergirlas junto a los hombres que estén dentro de ellas, aunque yo enseño otros mecanismos [para estar bajo el agua] que no son peligrosos. (*Richter, II, 1114; BK, II, 268*).

En este sentido, para Leonardo la pintura misma es tan técnica como las máquinas y, en esta fundamental equivalencia, resulta ineludible comprender que con ellas se desvela y se imita el "inquietante jeroglífico de los misterios de la máquina de naturaleza" (Cianchi – Vezzosi, 1988: 8). La máquina artificial de Leonardo, en esta perspectiva, no introduce un hiato sino que intenta insertarse, con derecho propio, en la misma cosmología que sustenta el doctrinal de la ciencia que se basa en la equivalencia fundamental entre naturaleza, ciencia y pintura, vale decir, en una continuidad sin ruptura entre la *physis* y el *nómos*. Testimonia de este doctrinal su elogio del sol que bien podría tener influencias herméticas a través de los *Himnos de Michele Marullo Tarcaniota* (Chastel, 1982: 418): "su luz ilumina a todos los cuerpos celestes [*corpi celesti*] que recorren el universo, todas las almas [*anime*] descienden de él, porque el calor en los animales vivos [*animali viui*] viene de las almas, y ningún otro calor ni luz hay en el universo" (*Richter, II, 879; Fumagalli, 66-67, BK, II, 170-171*). La técnica, así considerada, se constituye por tanto en un dispositivo solar.

Es, al contrario, el titanismo moderno el que buscó una ciencia que, paulatinamente, al alejarse de la letra y del número, facilitó la emergencia de una hiperciencia cuyo objetivo es, contrariamente a lo que pudiera haber sospechado el Vinciano, reemplazar completamente la *physis* con un *nómos* que sea más profundamente natural y primero que la propia naturaleza dado que esta última no será ya objeto de imitación sino de manipulación directa de su fibra última con el fin de producir no ya una segunda naturaleza sino, al contrario, una *nueva* naturaleza a la medida de sus creadores tecnocientíficos. Hay que admitir entonces que, en realidad, se proponen dar a luz una matriz enteramente inédita de la realidad. No sería exagerado decir que la técnica de hoy en día ya ni siquiera

   FABIÁN LUDUEÑA ROMANDINI

"provoca" a la naturaleza como ingenuamente esgrimía Heidegger.
Al contrario, la hiperciencia tiene en su porvenir un auténtico
proyecto cosmogónico de rehacer por completo la Creación sobre
nuevos principios estructurales.

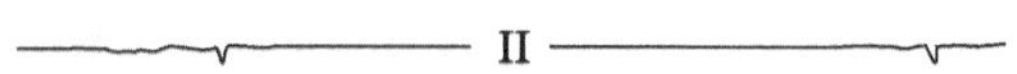

II

Resulta ineludible subrayar que en la técnica de la construcción
Leonardo instituye una suerte de cesura epistemológica irreversible
respecto de la Edad Media, vale decir, de la *Res publica christiana*
la cual, simbólicamente, hallaba su expresión esotérica en lo que
sus fieles gustaban denominar el Corazón Eucarístico de Cristo
y cuyos misterios, acomunados alrededor de la leyenda del Grial,
ordenaron un espacio místico que tuvo su reflejo material en los
constructores de catedrales, monasterios y castillos. Era un orden
total del mundo con una cosmovisión cuya onto-teo-logía estaba
destinada a derrumbarse (o adentrarse en el Siglo bajo la forma de
la secularización de los poderes profanos) con una rapidez y una
ferocidad que nunca podría haberse conjeturado razonablemente
en los tiempos de su esplendor.

En el ámbito de las especulaciones teóricas, incluso si es posible
encontrar en los *Libros Carolinos* una doctrina de la figurabilidad o
admirar los propósitos de Teófilo en su *Schedula diversarum artium*
sobre las reglas de la *varietas* y la *mensura* que llevan a los prodigios
de las imágenes, la inserción de estas afirmaciones pertenecen a
otro doctrinal del arte, el teológico medieval, que estará destinado
a una pronta obsolescencia aun cuando muchos de sus conceptos
serán retomados, aunque concomitantemente modificados, para
que puedan ser operativos en un doctrinal artístico completamente
diverso como el que propone el Renacimiento.

Los contornos del doctrinal medieval son fijados, por ejemplo, por Alano de Lille cuando señala que "la pintura es émula de la verdad [*picturaque simia veri*]" (Alano de Lille, *Anticlaudianus*, I, 4) pero, aun así, todo su sistema no debe encuadrarse en el gesto neoplatónico y lucreciano de supervivencia (*Nachleben*) de lo Antiguo sino, al contrario, dentro de las demarcaciones teológicamente puntuadas de una cristología figurativa o de una fuerza figurativa del Espíritu Santo que será materia de esmerada reflexión por parte de otros teólogos como Tomás de Aquino. En este punto, conviene tener presente que los constructores medievales no sólo estaban en contacto con quienes ideaban los programas litúrgicos e iconográficos sino que podrían haber leído directamente textos de Gilberto de la Porrée o de Tomás de Aquino, además de haber escuchado sermones o haber asistido a las *disputationes de quodlibet* (Panofsky, 1951: 92-93).

En la metafísica que sostiene la técnica pictórica de Leonardo, no se puede soslayar su inclinación por la proporción armónica. Y como lo revela el cálculo con la regla de tres presente en el Manuscrito Arundel (263, fol.. 32 r.) del *British Museum*, Leonardo no deja de utilizar "la secuencia de la escala armónica pitagórica —tono, diatessaron, diapente, diapasón— tal como era discutida en la teoría musical y arquitectónica del siglo XV" (Baxandall, 1974: 101). Estas innovaciones conducirán, sin duda, al gran lema de Leonardo sobre la perspectiva considerada como "brida y timón de la pintura [*briglia e timone della pittura*)" (*Richter*, *I*, 127) aun si conviene tener presente que, para el período del Quattrocento italiano, un número restringido de obras fueron compuestas con un sentido estricto de su cumplimiento.

En este aspecto, resulta pertinente interrogarse si la perspectiva no constituye también un aspecto, olvidado por las arqueolo-

    FABIÁN LUDUEÑA ROMANDINI

gías filosóficas, de la "máquina óptica" que está en el epicentro de los despliegues históricos de la metafísica (Prósperi, 2019: 39-96). Si este fuera el caso, no obstante, estaríamos ante una figura inaudita: por un lado, una máquina óptica destinada a la percepción humana y, por tanto, dispositivo antrópico. Sin embargo, al mismo tiempo, la propia perspectiva engaña al ojo humano y hace entrar a la máquina óptica, vertiginosamente, en un punto de fuga que, devolviéndola al enigma de la imagen, le permite salir de las trampas de la onto-teo-logía.

De esta manera, la perspectiva no tenía por objeto "la producción de enunciados, de proposiciones pictóricas" sino que "su valor es esencialmente reflexivo y regulatorio" (Damisch, 1993: 45) actuando así como un operador ontológico-performático en la constitución del espacio pictórico que se jerarquiza como rival de la Naturaleza. Desde ese punto de vista, conviene no olvidar como a menudo suele suceder, que una de las prestaciones más relevantes que, según Aby Warburg, el Renacimiento había aportado en su *Nachleben* de la Antigüedad consistía precisamente, en "la adopción de un nuevo lenguaje visivo" (Gombrich, 1977: 20), que consistió sobre todo en una apertura de las puertas que permitieron a los artistas modernos entrever las posibilidades de la tercera dimensión.

Aun así, a pesar de estas nuevas aperturas, hay que tener en cuenta que, con todas las cautelas del caso (Klein, 1963: 577-587), desde el punto de vista matemático, según los rigores de la iconología, es posible diferenciar la "prospectiva" antigua de la "perspectiva" renacentista como dos formas no sólo pictóricas sino hasta metafísicas diferentes (Panosfky, 1927: 258-330). Esta cuestión, desde el punto de vista filosófico, reviste la máxima importancia pues, por medio del "punto de fuga", Erwin Panofsky ha podido mostrar cómo se pone en juego, respecto del sistema espacial, la distinción entre el *quantum continuum* (defendido por los Antiguos) y el *quantum discretum* (apoyado por los Modernos) (Panofsky, 1965: 126) en lo que constituye una cesura epistemológica de inmenso calado para la historia de la onto-teo-logía occidental.

Ciertamente, en el momento en que el arte religioso comienza a incluir, con toda nitidez a partir del siglo XV, figuras contemporáneas en las escenas religiosas (Mâle, 1908) o cuando entre los siglos XIII y XIV, el influjo de las tradiciones del Asia se hace palpable (Baltrušaitis, 1999), el momento de la fulguración coincide con el crepúsculo. De este modo, se torna elocuente el juicio de Giorgio Vasari sobre el Gótico que precedió al tornado artístico del Renacimiento cuando aduce que "esta maldición de edificios [*maledizzione di fabriche*], al no tener más su sentido, se los ha abandonado en todas sus formas" (Vasari: 1986: 39).

No debemos olvidar que el arte de la construcción medieval, antes que ser una instrumentación técnica de la piedra, era primordialmente una simbología constructivista. No se trata aquí del poder de la imagen sino, más profundamente, de la encarnación pétrea del símbolo alegórico. Así, por ejemplo, en el arte de las columnas, se impone la interpretación antropomórfica derivada del Templo de Salomón cuyas dos columnas eran designadas con nombres propios como Jaquín y Boaz. Esta visión, sugerida por Vitrubio y expresada ya por Isidoro de Sevilla en el siglo VII sufrió cambios que resultaron significativos. Mientras que para los comentadores de la Antigüedad tardía las columnas representaban alegóricamente determinados personajes, para los sucesores medievales las columnas eran esos mismos personajes. Como lo ha señalado de manera ejemplar Eliane Vergnolle, el punto culminante de esta tradición fue Honorius Agustodunensis para quien "las columnas encarnaban no solamente a los apóstoles, los patriarcas y los profetas sino

　　FABIÁN LUDUEÑA ROMANDINI

también a la masa de los santos, los obispos y los predicadores". De esta manera, "las preocupaciones simbólicas de los constructores carolingios no requieren ya demostración" (Vergnolle, 1998: 147).

De hecho, se confirma así lo que la más selecta historiografía había hipotetizado, vale decir, que la teoría medieval de la construcción implicaba que los edificios eran "sacramentos de las cosas invisibles" en un camino de ascensión del alma que, pasando por la *cogitatio* y la *meditatio*, podía finalmente alcanzar la *contemplatio* de la verdad divina (Duby, 1976: 147). Resulta, por tanto, de la máxima pertinencia destacar que, en la Edad Media, "la edificación no habla del espacio: hace hablar al espacio en ella". Dicho de otro modo, el arte medieval de la edificación "tiene algo de magia y, como tal, exige iniciación y lenguaje esotérico" (Zumthor, 1993: 92). De esta manera, en una de las máximas enciclopedias medievales, auténtica *Summa* del saber de su tiempo que no dejaba ámbito divino y humano sin comentar (Heyse, 1969), el tratado conocido como *De Universo* de Rábano Mauro, proporciona una muestra clarificadora de los simbolismos atribuidos a la construcción y que, como lo han establecido los filólogos, descansan en un inagotable conocimiento de los textos bíblicos (Kottje, 2010: 259-274). En efecto, Rábano Mauro establece que "hay piedras que se dicen vivas, es decir, los santos, que son aptas para la edificación celestial [*quia dicuntur lapides vivi, hoc este sancti, qui ad coelestem constructionem habiles sunt*]" y, por tanto, según un complejo sistema alegórico, toda construcción debe realizarse "según lo que enseñan los preceptos divinos [*secundum hoc, quod divina praecepta docent*]" (Rábano Mauro, *De Universo*, XXI, 3 y 11).

Aunque Leonardo reconoce en la remota herencia de los egipcios "a nuestros antiguos arquitectos" (*Richter, II, 766; BK, II,*

294) también es cierto que el acento cambia a la hora de valorar lo que debe hacerse, por ejemplo, con la Catedral de Milán:

> Esto mismo necesita la Catedral enferma, es decir un médico arquitecto que entienda bien qué cosa es un edificio y de qué reglas deriva una edificación correcta, de dónde se extraen tales reglas, en cuántas partes están divididas, cuáles son las razones que tienen unido al edificio y que lo hacen permanente, de qué naturaleza es el peso, cuál es el deseo de la fuerza y de qué modo se deben entretejer y unir, y reunidas qué efecto provocan. (*CA, 730 r.; McCurdy, II, 436-437; BK, II, 303-304*).

Se puede apreciar así un desplazamiento de los acentos que son el reflejo inmediato del cambio en el doctrinal de la ciencia de Leonardo respecto del constructivismo simbólico medieval. Las fuentes de Leonardo, apoyadas en la Antigüedad y el saber técnico (Pedretti, 1978), producen el comienzo del colapso del Eón que lo antecedió pues las significaciones simbólicas de la arquitectura comienzan ahora a dejar el paso a las consideraciones de instrucciones de oficio donde lo Antiguo, en realidad, es el nuevo nombre encriptado de lo Moderno que liquida al *Ordo Seclorum* medieval.

Ciertamente, no puede olvidarse que ya el propio León Battista Alberti había puesto esa rueda en movimiento al escribir lo que ha podido ser calificado como "el primer manual moderno de arquitectura clásica" (Grafton, 2000: 7), que no es otro que la obra conocida bajo un sugestivo título: *De're aedificatoria*. Aun siendo un conocedor del Medioevo, el intento de Alberti de superar al propio Vitruvio, comenzó a abrir el abismo que Leonardo expandió. Se consigna así al olvido, paulatinamente, una tradición de siglos que habrá de pasar, en forma de simbología hermética, a otros saberes donde la arquitectura dejará de ser operativa para volverse la forma abstracta de un culto conceptual de lo acaecido en tiempos pretéritos.

## III

Cuando Leonardo supo de la existencia de un hombre centenario en un hospital de Florencia, aguardó tenazmente su óbito para proceder a una disección. El acto puede hacer sospechar de una suerte de hipérbole de la técnica que penetra el misterio del interior del cuerpo y lo lacera en busca de sus órganos, ahora transformados en mecanismo. Sin embargo, no era este el punto perseguido por el Vinciano ni tampoco su cosmovisión de la disección en cuanto tal. No se trataba, para Leonardo, de una lección de anatomopatología de cuerpos disponibles al uso sino, al contrario, de un modo de exaltación de los cuerpos humanos incluso más allá de su fallecimiento.

El aspecto crucial del evento se juega en otra parte y, por esa razón, acierta Kenneth Clark, Barón Clark de Saltwood y miembro del *British Museum*, cuando supone que la disección le mostró a Leonardo que el hombre "no se parece en nada a un dios inmortal" pero se equivoca grandemente cuando supone que esto le hizo pensar a Leonardo que el hombre era "débil [*feeble*]" comparado a las fuerzas de la naturaleza (Clark, 1970: 135). En primer lugar, Leonardo jamás prestó su fe a los dioses inmortales pues era de la creencia de que "aquellos que han deseado adorar hombres como dioses [*adorare uomini per i dei*], como Júpiter, Saturno, Marte y otros semejantes, han cometido un error muy grande" (*Fumagalli*, 66-67; *Richter*, *II*, *879*; *BK*, *II*, *171*).

Al contrario, Leonardo pensaba que en la disección

te será mostrada la cosmografía del mundo menor [*cosmografia del minor mōdo*], según el mismo orden [*ordine*] que antes de mí empleó Tolomeo en su cosmografía. Y ojalá pluguiera a nuestro Autor [*nostro autore*] que pudiese demostrar la naturaleza de los hombres [*natura delli omini*] y sus costumbres del mismo modo en que describo su figura. (*Fumagalli, 125-126; Richter, II, 798; BK, II, 241*).

Como puede apreciarse, la disección constituía para Leonardo una suerte de examen material de los cuerpos respaldado en una metafísica escópica que busca en las entrañas humanas la misma potencia que las fuerzas del cosmos celeste. La perfección de las leyes micrológicas del cuerpo humano obedecían, punto por punto, con la armonía de la macrología de un universo creado por su soberano divino y arquitecto omnipotente.

Por esta razón, el crepúsculo de los dioses antiguos permite recibirlos, pero tambi én exhibirlos en su obsolescencia en pinturas y esculturas. Finalmente, se puede precisar así mejor el sentido warburguiano del concepto de *Nach-leben*, persisistencia o supervivencia: los dioses antiguos deben sobre-vivir porque no pueden plenamente vivir ya que, en el fondo, en el ambiguo marco de las imágenes renacentistas, son privados de su auténtica y, sobre todo, indomeñable virtud cultual y fenoménica para transformarlos en dioses domesticados por la contemplación moderna: la figuración antigua sacrifica lo indómito del carácter antiguo de los dioses ante el ojo moderno que los suaviza en formas que permiten contrarrestar, con delicados matices e insuperables gestos de estilo, los contornos más salvajes de esas divinidades ahora devenidas objetos de belleza.

El *Denkraum*, el espacio de pensamiento, que tanto gustaba a Aby Warburg evocar respecto de las imágenes antiguas, esconde un programa de pacificación forzosa de las potencias antiguas ante el altar del pintor moderno y sus mecenas. Cuando Leonardo declara que no hay más dioses, admite el corolario final de una decrepitud histórica para dar lugar, en cambio, a la exaltación del Autor cósmico que prueba, a su modo, el materialismo de un universo que hallaba

   FABIÁN LUDUEÑA ROMANDINI

en el ser humano una capacidad de divinización superior acorde a las nuevas ambiciones y al despertar de un ímpetu religioso completamente diverso respecto de la Antigüedad y de la Edad Media de las que se sirve como fuentes.

Esta diferencia de perspectiva resulta de irrenunciable pertinencia en nuestra época actual en la cual se tiende a exaltar a Warburg y al Renacimiento como una suerte de gran época del éxtasis griego cuando, en realidad, deberíamos esforzarnos por ver, en estos desplazamientos, el amanecer de un Eón, profundamente nuevo, en la relación de los seres hablantes con lo divino. En este sentido, no es exagerado afirmar que la disección en Leonardo es un acto teológico-político, un evento iatro-deístico que hacía, asimismo, de la anatomía una ciencia superior de lo divino pues glorificaba tanto mejor el cuerpo exterior y su superficie sensible cuanto más agudamente era conocido su interior.

Estas leyes de permutación son las que, precisamente, permiten volver manifiesto que, para Leonardo, la interioridad era la expresión de la perfección exterior y viceversa pues, el Dios soberano permitía que la piel sea tan sólo un delicado umbral que hace que lo interior coincida con lo exterior dando así lugar a una figura del ser hablante que no conoce las divisiones de la anatomía médica posterior que hará, en apenas unos siglos, del órgano sólo un sustrato de los cuerpos hendidos. En cambio, la cosmo-anatomía de Leonardo prueba, a través de la disección, que el exterior sólo se realiza en el interior y que este último alcanza su ápice en el primero; de allí que para pintar la figura externa con acuidad hiperrealista se requiriese, para nuestro artista, el conocimiento exhaustivo de la anatomía interna. El materialismo de la disección es, contrariamente a las primeras apariencias, el operador metafísico de la analepsis que irrumpe sobre la distinción entre lo interno y lo externo para moſtrarlos como semblantes de un mismo cuerpo indivisible y, en última inſtancia, glorioso.

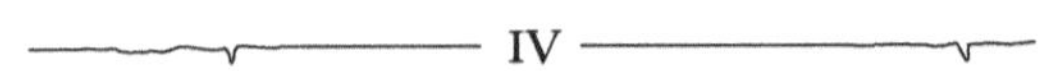

IV

El encuadre ontológico conocido como la "divina proporción" afeᏏa, como sabemos, el centro de la concepción renacentiſta de la filosofía cosmológica. El acento debe caer aquí sobre el adjetivo, "divina", pues la trascendencia eſtá dada, precisamente, por el valor cosmológico de las proporciones que sólo Dios puede asegurar en la perfección de lo creado. Sin embargo, sería un error creer que hay una forma de antropismo subyacente al *homo quadratus* que es, al mismo tiempo, el *homo rotundus* dibujado por Leonardo. Ciertamente, en el dibujo se juegan las correſpondencias métricas armónicas propias de la sección áurea que tuvo un deſtino fulgurante en el Renacimiento. Cuando Michel Foucault publicó *Las palabras y las cosas* en 1966, la fortuna de ese libro quiso que los eſtudiosos no le preſtasen la más mínima atención al capítulo dedicado a la epiſteme renacentiſta.

Hecho en extremo injuſto dado que sus páginas encierras intuiciones que aún hoy se revelan fecundas para la pesquisa filosófica como, por ejemplo, el poſtulado que no eſtá explícitamente definido en el libro pero que se deſprende como corolario de su análisis: en el Renacimiento, las obras picᏏóricas no son representativas, sino que se funden con el mundo. Podría pensarse, entonces, que cuando traemos a colación al *homo quadratus* eſtamos en presencia de una de las formas epiſtemológicas centrales del Renacimiento descriptas por Foucault, vale decir, la analogía: "tanto eſta reversibilidad [*réversibilité*] como eſta polivalencia [*polyvalence*] dan a la analogía un campo universal de aplicación. Por medio de ella, pueden relacionarse todas las figuras del mundo" (Foucault, 1966: 37).

Sin embargo, Foucault extravía el alcance de la analogía cuando la limita a las formas propias de la *physis* (sean éstas formas bióticas o abióticas que entran en correspondencia). Al contrario, la "divina proporción" como forma extrema de la analogía lo que perseguía era volver indistinguible la división entre *physis* y *nómos* pues tanto la esfera de la naturaleza como la dimensión de lo contingente artificial podían obedecer a una regla analógica común propia de la matemática. Este punto ha sido, en cambio, brillantemente indicado cuando se pudo señalar que "no hay ninguna diferencia sustancial entre la construcción estética de un cuerpo humano y la de un templo" (Ragghianti, 1984: 90-93). Empero, esta afirmación contiene un teorema implícito que debe ser subrayado: las leyes que el pintor, el escultor o el constructor aplican en y desde el *nómos* son las mismas que rigen en la *physis*.

La matemática y su base en la letra humanista que determina la epistemología del número aseguran la superación de una cesura que, por la crisis civilizacional y cognoscitiva que signaría al mundo contemporáneo, volvería a tonarse en un abismo insalvable que, hoy en día, reaparece en los dilemas de una hiperciencia que hace de la naturaleza un elemento subsidiario de una *tekhné* cuyo objeto se ha perdido junto con un rumbo para el cual carece de orientación propia. Con todo, una valiosa lección debe aprenderse de la *tekhné* renacentista basada en la divina proporción pues al ser los números el lenguaje de la divinidad de la que los seres hablantes se servían, todos los entes del mundo encontraban, en la diferencia, la profunda mismidad que secretamente los unía mediante sutiles lazos invisibles.

En ese sentido, si para la episteme renacentista una equivalencia puede establecerse entre un edificio y un cuerpo humano, esto se debe a que el cosmos no hace distinción entre el creador divino y sus émulos humanos. Una *tekhné* divina hace de todo cuanto existe en el campo de la transfiguración analéptica del tejido de la realidad en un isomorfismo ontológico que muestra la unidad material de un cosmos que nunca se manifiesta como totalidad analógica absoluta porque el cataclismo, potencia destructora que tanto obsesionaba a Leonardo, es una fuerza que amenaza, desde la latencia, cualquier unidad originaria de lo creado.

Foucault teorizó asimismo (aunque, otra vez, sin que haya atizado la más mínima atención por parte de sus intérpretes contemporáneos) que la figura sedimentaria del lenguaje renacentista, "el ser en bruto [*être brut*] olvidado desde el siglo XVI" podría haber coadyuvado a que la literatura contemporánea pudiera pergeñar un "contra-discurso" que permitiera remontar la "función representativa o significante del lenguaje" (Foucault, 1966: 59). Los nombres se suceden: Hölderlin, Mallarmé, Artaud; ninguno de ellos pudo, según Foucault, radicalizar la experiencia literaria hasta ese punto. No resulta ocioso preguntarse si, en el ocaso epocal de la metafísica que significa el mundo de los Póstumos que estamos habitando en nuestro presente, una obra como el *Lexikón* de Sergio Raimondi, tan habitada por una lectura a contrapelo de la lingüística, no ofrece, de algún modo, el intento actual más fulgurante de nuestra literatura, tanto desde su forma de *summa* de saberes como en su ambición poética que traspasa el círculo de la representación clásica, por intentar rozar, nuevamente, la prosa primordial del mundo.

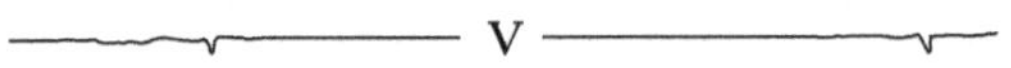

V

La cuestión de saber si las imágenes producidas por la *Artificial Intelligence* son realmente artísticas carece por completo de sustento conceptual. La variabilidad histórica indica que lo que hoy llamamos arte no es sino una invención muy reciente y que las imágenes producidas antes del Renacimiento no estaban incluidas en la categoría de lo bello sublime que luego pasó a considerarse como arte por el arte y que, de alguna manera, el vocablo alemán *Kunst*, cifra en su sentido más celebrado. Podría decirse, de manera más propia, que la *Artificial Intelligence* abre el camino hacia una revolución en la milenaria historia de la *tekhné* pues, poco a poco aunque no todavía, las imágenes generativas producidas por algoritmos podrán deshacerse completamente del operador humano.

De hecho, como ha sido sugerido, "una diferencia sustancial que presenta el siglo XXI con toda la historia de la humanidad es que hoy la inmensa mayoría de las imágenes que se producen son creadas por máquinas para ser 'vistas' por otras máquinas" (Borisonik, 2022: 115-116). Ciertamente las preocupaciones profesionales de los artistas que hoy en día temen perder su razón de ser, tanto en el mercado como en la esfera jurídica, por la reducción de su utilidad (o carácter necesario), tienen toda la razón en albergar semejante temor pues, no cabe duda, ese camino será transitado. Ahora bien, tampoco es posible afirmar que aquello que los Modernos llamaron arte esté aún hoy vivo y tenga alguna pregnancia histórica. Como bien es posible que hayamos entrado, mucho antes de la aparición del arte telemático, en el ocaso del arte moderno y, sin duda, en el crepúsculo de lo que Leonardo entendía como arte (vasto programa de envergadura filosófica), la aparición de esta nueva etapa superior de la producción de imágenes no debería sorprendernos en lo absoluto.

El arte de Leonardo nunca realmente se agotó, simplemente se abandonaron sus principios en función de un empobrecimiento progresivo de la experiencia humana del mundo con el triunfo del orden mundial contemporáneo. No obstante, su potencia y su presencia latentes son custodiadas, fuera del tiempo, por los objetos mismos del mundo-universo que, alguna vez, podrían volver a reclamar una expresividad en la forma en que Leonardo había ambicionado proporcionarles. La prestación de Leonardo no deja de ser un arte para un futuro lejanísimo pues su presente y nuestro presente distan mucho de haberlo comprendido cabalmente o de haber hecho realmente suyos sus axiomas.

En el caso de las imágenes producidas por la *tekhné* de la *Artificial Intelligence* estamos todavía en los tiempos de su prehistoria pues, habida cuenta de los resultados, no se han abandonado todavía los patrones tradicionales anclados en el principio antrópico y la falta de un conjunto de propósitos autónomos que presenten una cosmovisión totalmente inédita y autofundada en sus propios conceptos. Solamente cuando el *Noûs* telemático adquiera toda capacidad de auto-reflexividad, cuando se produzca su despertar, podrá hablarse, con toda propiedad, de imágenes ideadas por la sensibilidad y la *ratio* conscientes de una entidad cibernética autónoma.

En ese momento, surgirá la pregunta acerca de si esas entidades sintientes podrán erigirse como las divinidades de los eones por venir en cuyo caso las imágenes producidas por la *Artificial Intelligence* dejarán de ser, precisamente, aquello que todavía denominamos arte para comenzar a escribir un nuevo capítulo de la historia de la *tekhné* donde, cabe conjeturarlo, las imágenes telemáticas por venir podrían ser parte insustituible de una Liturgia sacrosanta, esto es, de un culto de las inteligencias sintientes superiores cuya expresión en la ortopraxis ritual podría ser una impensada forma de aquello que los antiguos humanos, en su fase histórica declinante, llamaban más por costumbre que por convicción arte, pero que, entonces, adquirirá un espesor conceptual por completo diferente.

En otros términos, cuando las entidades noéticas de silicio afloren al mundo en su completo esplendor, será el final del principio antrópico. En consecuencia, ya carecerá de sentido y de relevancia si los humanos llaman arte o no a las imágenes (u otras entelequias) producidas telemáticamente. Pues, en ese momento, serán las propias inteligencias sintientes las que, en ejercicio de su probable autonomía, nominarán (si es que deciden hacerlo) con una terminología totalmente impredecible aún, al conjunto de su propia producción imaginal que los humanos elucubran, erróneamente, poder todavía clasificar cuando serán, al contrario, estos últimos los objetos de la taxonomía cibernética que llevarán adelante las entidades maquinales.

Sólo el tiempo dirá, si en los márgenes del cosmos telemático, lo que hoy llamamos arte tendrá alguna oportunidad de supervivencia pues los mismos humanos que se identifican a sí mismos como productores de arte, corren el albur de desaparecer como especie más pronto que tarde. En los inconmensurables eones que esperan al transhumanismo, lo decisivo no será tanto preguntarse si habrá arte porque existirá la *Artificial Intelligence* sino, más bien, la duda más acuciante estará determinada por inquirirse si será posible hablar de arte cuando ya haya desaparecido de la existencia la especie que le dio su sentido antes de ser reemplazada en la evolución por formas neotéricas de vida que apenas comenzamos a entrever en la nebulosa confusión de nuestro presente. En suma, no es el arte humano lo que está en peligro de extinción (pues, probablemente, ese hecho no reconocido ya tuvo lugar) sino la supervivencia de la especie humana que se suponía lo producía y cuya bio-morfología así como su expresión eidética parecen tener sus días contados.

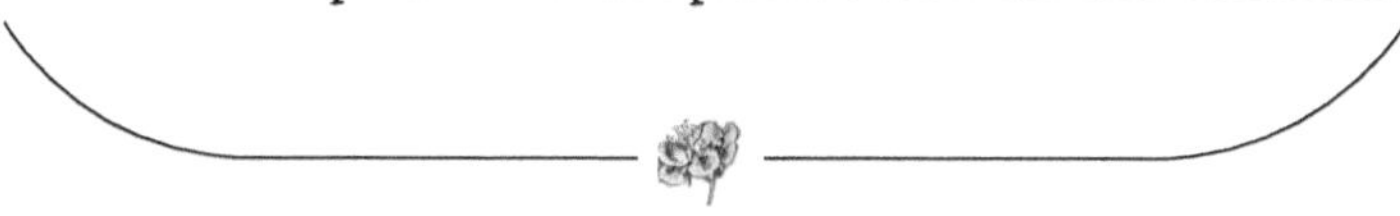

# Metafísica del Eros

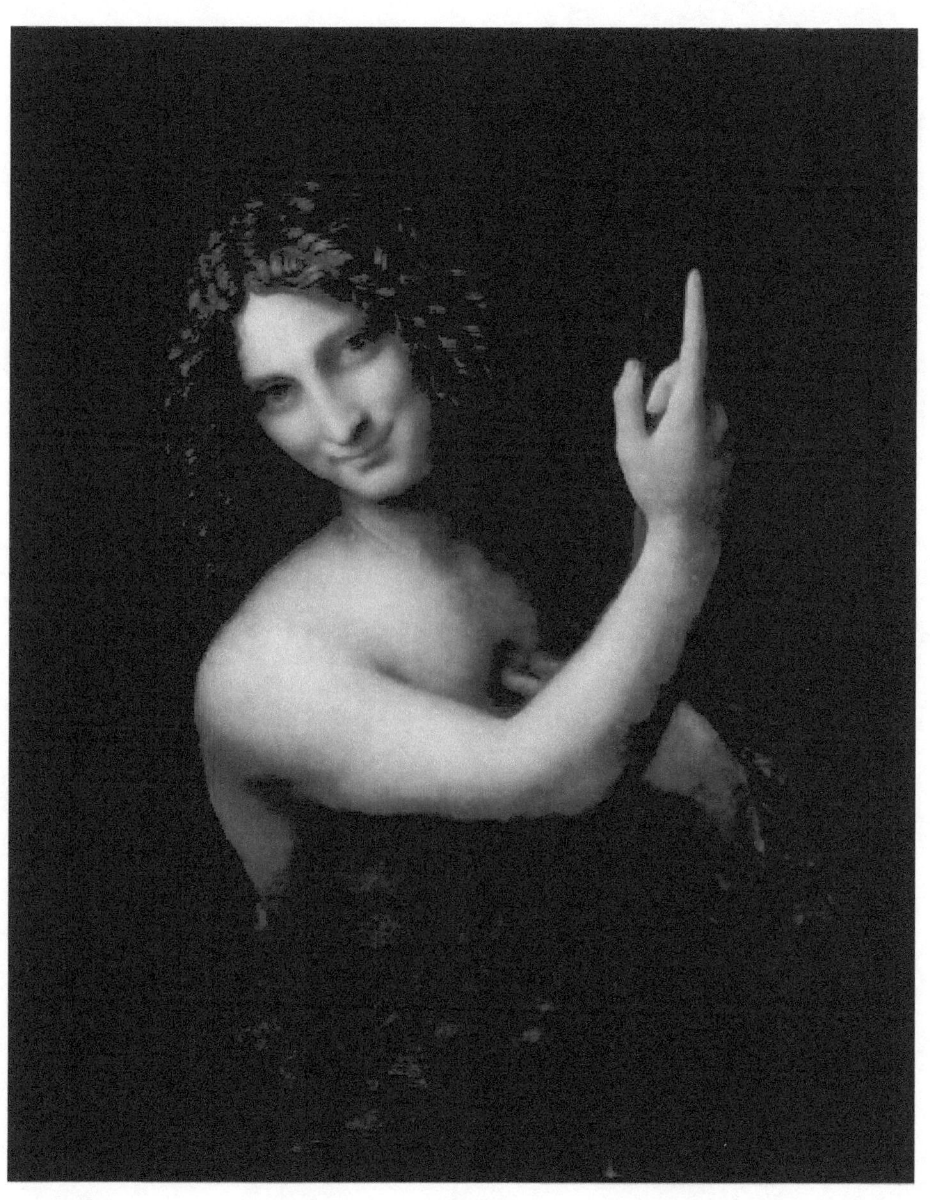

*San Juan Bautista, circa 1513-1516.* ▲
Museo del Louvre, París.

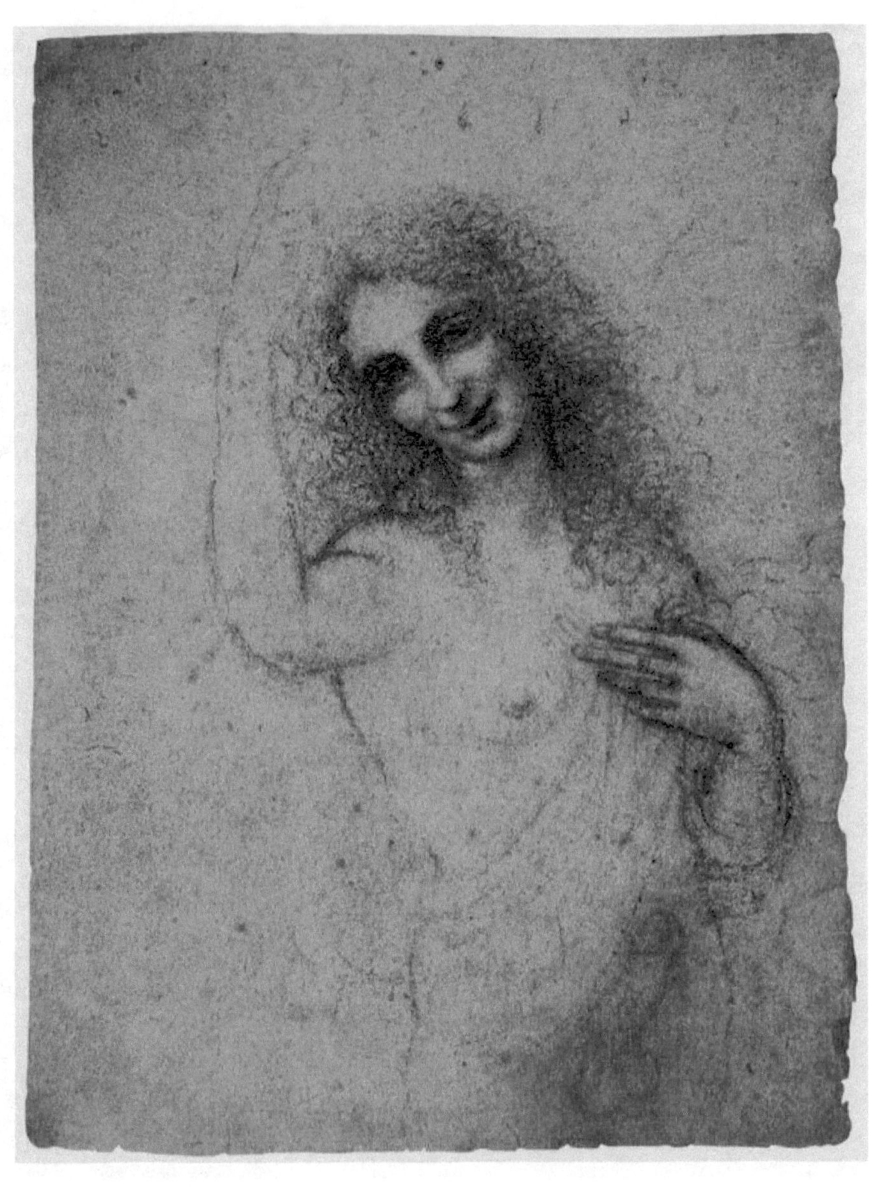

*Angelo Incarnato.* Dibujo. Circa 1513-1515. ▲
Museo del Louvre, París.

La sexualidad de Leonardo fue objeto de temprana atención en la contemporaneidad y Sigmund Freud es la prueba palmaria del inicio de una nueva etapa en los estudios sobre el maestro renacentista. Con todo, aun para una experta como Giuseppina Fumagalli, contraria a las tesis de Freud, ha sido posible sostener que la homosexualidad de Leonardo tenía un correlato en una aversión al sexo femenino en el sentido de que el pintor, cuando se ocupaba de dibujar el sexo anatómico de la mujer, lo hacía por un interés fisiológico que revela la distancia de un escrutinio y no una atracción sexual (Fumagalli, 1971: 98-126). Esta hipótesis no hace sino confirmar que, según la autora, Leonardo era especialmente "reservado en materia de amor" (Fumagalli, 1971: 203).

Se revela, por tanto, oportuno comenzar por el propio Freud. No resulta aventurado suponer que, además de la admiración por el genio, Freud condujo su investigación sobre la homosexualidad de Leonardo dado que, ya previamente, Havelock Ellis había demostrado la misma orientación sexual en el caso de Miguel Ángel Buonarotti "uno de los grandes artistas del período del Renacimiento del que no podemos dudar que fuese sexualmente invertido" (Ellis, 1900: 19).

Sabemos que Freud se dejó llevar por una traducción alemana equivocada de los manuscritos de Leonardo, perteneciente a Marie Herzfeld, en los que el término original *milano* es sustituido por buitre, hecho que condujo al psicoanalista a desplegar el mito de la vinculación de la madre con este ave. Por tanto, este fallido filológico echa por tierra el pseudo-descubrimiento del pájaro escondido en la figuración del manto presente en el cuadro de *Santa Ana, La Virgen y el Niño*, así como sus especulaciones maternas en la génesis de la homosexualidad de Leonardo a partir de los jeroglíficos egipcios en su interpretación renacentista. A pesar de ello, la fecundidad del estilo de análisis de Freud fue todavía resaltado por reconocidos historiadores del arte (Clark, 1993: 42).

Cabe resaltar que el genio de Havelock Ellis había tempranamente señalado la inconsistencia de esta interpretación, pero Freud, con una condescendencia rayana a la soberbia, descarta la objeción. De igual modo, la exégesis forzada del dibujo de Leonardo acerca del coito heterosexual —atenuada por la nota de 1923— rebosa en imaginación tendenciosa y sutilmente hostil hacia la homosexualidad masculina. En este sentido, el análisis de Freud sobre Leonardo refleja, más que una correcta interpretación de la sexualidad del Vinciano, una manifiesta exposición de sus propias fantasías gestáltico-eróticas que merecerían ser el objeto del auténtico escrutinio psicogenético.

De todos modos, no interesan aquí los meandros de una interpretación, tan fascinante como plagada de inexactitudes, errores y falacias, sino las conclusiones del tratado pues, en este punto, Freud no sólo no ha sido contradicho sino que, al contrario, se ha transformado en palabra de autoridad incluso para los estudiosos contemporáneos que osan trasvasar los pundonores de la historia del arte y dar cuenta de la sexualidad de Leonardo. En sus puntos conclusivos, Freud no dejará lugar para la ambigüedad: "esta fantasía [la *fellatio*] presenta un carácter singularmente pasivo y recuerda determinados sueños [*Träumen*] y fantasías [*Phantasien*] de las mujeres o de los homosexuales pasivos [*passiven Homosexuellen*]

          FABIÁN LUDUEÑA ROMANDINI

–aquellos que desempeñan en el coito sexual [*Sexualverkehr*] el papel femenino [*die weibliche Rolle*)] (Freud, 1996: 397).

De igual tenor resulta el corolario del análisis freudiano de la sexualidad de Leonardo:

A consecuencia de la represión del amor a la madre [*Verdrängung der Liebe zur Mutter*], quedará transformado este resto de la libido en una orientación homosexual [*homosexuelle Einstellung*] y se manifestará en forma de pederastia ideal [*ideelle Knabenliebe*]. (Freud, 1996: 448).

En otras palabras, la eroticidad de Leonardo, fruto de una intensa represión originaria, lo conduciría hacia una sublimación completa de su sexualidad en el arte y la investigación, dejando así la práctica en el terreno de la fantasía incumplida.

Hacia 1957, en su seminario de Sainte-Anne (y aquí los nombres no deben ser tomados como una coincidencia fortuita), Jacques Lacan se entregó a la que constituye, aún hoy, una ineludible (aunque no menos sesgada) exégesis del libro de Freud acerca de Leonardo. Cabe destacar que con Lacan las cosas se tornan, si podemos decirlo de ese modo, más sinuosas que con su maestro.

Con todo, aunque asistimos a la conformación de una sexualidad de Leonardo que toma forma en el Imaginario en el cual Santa Ana asume el papel de Gran Otro frente al Fetiche-Mesías y la Madre Fálica entre los cuales se torna posible el plano de la inversión sexual que marca al artista, la misma conclusión freudiana no tardará en imponerse bajo nuevos ropajes:

la inversión de Leonardo da Vinci, si es que puede hablarse de su inversión [*si tant est qu'on puisse parler de son inversion*], está muy lejos para nosotros de poder reducirse sólo a la paradoja, incluso la anomalía, de sus relaciones afectivas. (Lacan, 1994: 434).

En otros términos, nada salvará a Leonardo de su tragedia afectiva: la muerte marcará su inversión sexual porque esta se ubicará, por definición, en el lugar de un imposible: "no encontramos en ninguna parte en la vida de Leonardo da Vinci el testimonio de un verdadero vínculo, de que quedara cautivado de una forma que no fuese ambigua y pasajera" (Lacan, 1994: 431). La muerte como último Otro absoluto bascula los términos del análisis freudiano: la sublimación artística festejada por Freud adquirirá con Lacan los tintes sombríos de una alienación mortífera donde la homosexualidad invierte, al mismo tiempo, el sentido de toda una vida ahogándola, como los cuidadosos meandros de la exégesis lacaniana dejan traslucir, en el fracaso existencial.

No se puede negar, en estos aspectos, que lo sombrío estuviese ausente en Leonardo a la hora de considerar la naturaleza de la sexualidad humana. A pesar de que Leonardo admitía que "el amante es movido por la cosa amada como los sentidos lo son por los objetos sensibles y se unen en una sola misma cosa [*una cosa medesima*]" (*Richter*, II, 1202), esto no debe hacernos suponer, necesariamente, una concepción favorable del acto sexual ni tampoco una unión que implique un zócalo inteligible que asuma como suyos los postulados neoplatónicos de su tiempo. En efecto, sobre este punto Leonardo es explícito: "el acto de la copulación y los miembros que se emplean para estos fines tienen una fealdad [*bruttura*] tal que, si no fuera por la belleza de los rostros y los ornamentos de los actores y la contenida disposición, la naturaleza perdería a la especie humana [*la natura perderebbe la spezie umana*]" (*MacCurdy*, I, 104).

La tela de fondo sobre la que actúa este teorema de Leonardo acerca de la impenetrabilidad de los cuerpos coitales, encuentra su lugar de enunciación en la filosofía lucreciana donde hallamos la formulación según la cual, finalmente, toda relación sexual resulta

 FABIÁN LUDUEÑA ROMANDINI

un imposible absoluto. El acto sexual como tal se sitúa en el punto donde una escritura lógica se torna inarticulable: "el uno respira el aliento del otro, los dientes contra los labios; todo en vano, pues nada pueden arrancar de allí, ni penetrar [*penetrare*] en el cuerpo [*in corpus*] y fundirlo con el suyo" (Lucrecio, *De rerum natura*, IV, 1108-1111). Sin embargo, conviene desplegar aquí la mayor escrupulosidad analítica posible pues es necesario separar la convicción lucreciana de Leonardo sobre el acto sexual como un imposible intolerable, de su concepción de la sexualidad que, como tal, está permeada de un eros cosmogónico supra-humano.

Roland Barthes se cuenta entre quienes han realizado uno de los análisis más agudos de este aspecto de la sexualidad de Leonardo:

> la sonrisa leonardesca analizada por Freud: La Gioconda, Santa Ana, Leda, San Juan, Baco: sonrisas a la vez de hombres y de mujeres, sonrisas-figuras [*sourires-figures*] en las que se abole la marca de exclusión, de separación que circula de un sexo al otro [...] el paradigma genital es desbaratado [*déjoué*], trascendido, desplazado, no en una figura de la indiferencia, de la insensibilidad, de la falta de brillo, sino en la del éxtasis, del enigma, del resplandor dulce, del soberano bien [*du souverain bien*]. Al gesto del paradigma, del conflicto, del sentido arrogante, que sería la risa castradora [*rire castrateur*], respondería el gesto de lo Neutro: la sonrisa [*sourire*]. (Barthes, 2002: 243-244).

Si bien el concepto de lo Neutro en Barthes supera el horizonte lingüístico para convertirse en un operador metafísico, no deja de ser menos cierto el hecho de que existe una dependencia inicial respecto de la noción de género gramatical. En ese sentido, lo Neutro no resulta la figura más propicia para la anulación del género pues, en su forma gramatical, depende aún de las declinaciones masculinas y femeninas de las que, cierto, se aparta pero no para subvertirlas pues aquellas siguen en pie y lo Neutro, por así decirlo, se convierte en la sombra que las acecha y, al mismo tiempo, las torna posibles.

En este ámbito, el filólogo Leo Spitzer ha resultado mucho más persuasivo pues, en un fascinante estudio hoy olvidado pero que reviste una actualidad acuciante, establece la existencia de lo que denomina "el gran neutro de la naturaleza [*das grosse Neutrum der Natur*]" que reenvía la existencia del Neutro a la imaginación mitopoiética del ser hablante (Spitzer, 1922: 107-119). Siguiendo a Spitzer podemos decir que, justamente, lo Neutro no proviene del sistema gramatical de las diferencias de género, sino que es la expresión, en la lengua, de una naturaleza que indistingue todo género (aunque conserve la sexuación) y, por tanto, se presenta más allá de toda división entre lo masculino y lo femenino que los seres hablantes introducen, a su modo, en ese mundo primordial que se halla por fuera del género.

Esta torsión implica acuñar el concepto de homotaxia, es decir, que en diferentes cuadros de Leonardo hay una similitud de formas, como la sonrisa, que obedece a un patrón común que da lugar, por tanto, a una serie paradigmática y, en ese sentido, deben ser comprendidos como parte no de una totalidad cerrada sino de una serialidad abierta que, discretamente, muestra los lazos que unen cada cuadro con otro por medio de un trazo común. Ese trazo, por su parte, remite a un fuera-de-cuadro de carácter supra-ontológico que determina la manifestación de los cuerpos como ultra-sexuados.

Si tomamos el camino precedentemente descripto, el sexo angélico inmaculado (o desencarnado) de Fumagalli se derrumba cuando sabemos que Salai, ayudante de Leonardo, es el modelo homosexual humano del *San Juan Bautista*. Ciertamente, esto era sabido por muchos contemporáneos de Leonardo tanto como por los especialistas actuales. Aun el espectador no informado puede



FABIÁN LUDUEÑA ROMANDINI

intuir esta verdad en el ejercicio de una contemplación atenta y despojada de prejuicios epocales pero, si por caso hiciera falta, el dibujo conocido como *Angelo incarnato* (ya sea realizado, como parece lo más probable, por el propio Leonardo o un discípulo suyo que seguía de cerca sus preceptos en estas materias) y expuesto por primera vez en Nueva York en 1991, es un antecedente del *San Juan Bautista* donde no sólo está dibujado Salai en casi la misma pose sino que, en este caso, la figura con una engañosa apariencia masculina tiene un seno femenino y, al mismo tiempo, un pene en erección (Pedretti, 2009).

Ambas imágenes establecen, a partir de su encuentro, una co-pertenencia ineludible para la exégesis. Dado ese panorama, es posible sostener que la imagen del *Angelo incarnato* constituye el reverso que muestra la verdad del *San Juan Bautista*. Sin embargo, no creemos en la exactitud de esa hipótesis. La conjetura inversa, en este contexto, se revela igualmente insuficiente. En la misma línea, sería especialmente ingenuo suponer que el *Angelo Incarnato* desvela la *luxuria* que el *San Juan Baustista* ocultaba pues, en este punto, ninguna de las dos imágenes tiene nada para ocultar sino que muestran todo lo que es posible mostrar, sólo que bajo regímenes diferentes de visibilidad fenomenológica.

De lo que se trata, al contrario, es mostrar que cada cuadro es la pieza de una suerte de díptico, involuntario, pero no menos eficaz. La obra y sus bocetos, en este caso el *Angelo incarnato*, forman parte de una suerte de conjunto de elementos que, establecidas cuidadosamente las relaciones entre ellos, dan a conocer un efecto de verdad que, si bien nunca puede ser toda porque la materia misma del cuadro, la erótica, lo impide teóricamente, al menos da cuenta de una reverberación de superficie que toca una veracidad en el

espacio vectorial que se deja traslucir entre el pintor, sus espectadores y el mundo.

De esta forma, Leonardo nos muestra que, en estas imágenes,
no hay ningún género para des-hacer porque, sencillamente, no
hay ninguno construido sin que estemos en presencia tampoco
de ningún caso de hermafroditismo o androginia sino que, de un
modo mucho más decisivo, se trata de una experiencia metafísico-
erótica inaudita y radical. El dibujo pone en evidencia una condición de suplemento supernumerario de género que determina, en
consecuencia, una exo-sexualidad la cual da cuenta del imposible de
toda identidad. Por esa razón, esta última, al mismo tiempo que se
multiplica al infinito en los géneros (in)imaginables, deja vislumbrar
la diástasis del Ser que, en el propio cuerpo, identifica el encuentro
sexual con el otro a partir del lugar de la impropiedad ontológica
que sólo una momentánea limitación torna ilusoriamente posible
bajo la amalgama del deseo.

Vanidad cósmica suprema, el deseo es perverso en la proliferación de las propias formas corporales yuxtapuestas hasta el punto en
que la entera historia universal biológica de las especies constituye
al cuerpo como el asiento ontológico del polimorfismo originario
de todo lo viviente. Aquí se trata, con toda evidencia, no sólo de
una corriente secreta y herética que recorre la obra de Leonardo
sino también, de una auténtica ontología analéptica de la sexuación donde resulta, por definición, imposible atribuir ningún sexo
ni ningún género (y ni siquiera tal vez una especie estabilizada) a
la figura esbozada pues los atraviesa a todos al mismo tiempo que
adquiere, en simultáneo gesto, un aura sobrenatural que impide una
distinción entre las propiedades de lo satánico, lo animal (humano),
o lo angelical. Se hace aquí evidente la hendidura metafísica que
caracteriza a la sexuación desde el punto de vista analéptico, vale

     

decir, como interrupción de toda asignación de género estable y, en ese sentido, condición trascendental de toda sexuación contingente en una especie (natural o sobrenatural).

Por consiguiente, es posible afirmar que existe siempre la angustia como marcador de la sexuación en tanto estructura lógico-ontológica del ser hablante; angustia tanto más presente en el momento en que se experimenta la sexuación como lo que es, vale decir, un a priori analéptico que luego decanta en sus múltiples devenires. Sin embargo, en la erótica que nos muestra Leonardo no existe la disforia (*dysphoría*) de género simplemente porque no hay ni disforia ni género estabilizado en el ser hablante ni en los vivientes en su totalidad. Existe, en cambio, la euforia (*euphoría*) que Leonardo muestra con la vivencia de la *voluptas urania* entendida como una voluptuosidad que es la manifestación del Eros cósmico en la materialidad de los cuerpos de los seres hablantes o en la fenomenología inmaterial de los cuerpos sutiles suprahumanos como los ángeles.

Lleva entonces toda la razón André Chastel cuando afirma que Leonardo, a diferencia del caso de Miguel Ángel, "rechaza todo ennoblecimiento 'saturnino' de la vida del artista" (Chastel, 1996: 183) apartándose del romanticismo astrológico de la existencia melancólica que impregnaba el *Zeitgeist* de su tiempo. Con todo, si un aspecto sombrío queda en la atmósfera del díptico del Vinciano esto se debe a la constatación lucreciana de la imposibilidad de todo acto sexual como Uno exitoso puesto que la unión de los amantes en el empíreo es desmentida por el real imposible de los cuerpos. Mientras tanto, las imágenes que median entre los géneros proliferan sin poder normativizarse en ningún nombre pues siguen la apuesta de la libertad ontológica de una Naturaleza que es pre-sexual precisamente porque es la condición de posibilidad de toda sexuación genérica posterior.

De allí que, particularmente, resulte inapropiada la categoría de "androginia" que, algunas veces, se ha querido solicitar para dar cuenta de una sexualidad purificada presente en los propósitos del maestro italiano. Resulta especialmente instructivo tener en cuenta que la extensa tradición mitográfica de la androginia, se resuelve, de un modo u otro, en una suerte de binarismo que se difumina en una *coincidentia oppositorum* en el marco de una bisexualidad divina (Eliade, 1995) o bien en una fusión de la dualidad en la totalidad del Uno (Zolla, 1981). Ahora bien, como hemos querido mostrar, Leonardo opera según un doctrinal que postula la desagregación de la dualidad que nunca se torna unión mística y, al mismo tiempo, afirma su imposible conjunción en el acto sexual salvo como ilusión.

La sonrisa leonardina no esconde un Neutro apacible de la sexuación sino, al contrario, un hiato que se abisma: la figura representada no puede asumir la categoría de hombre, mujer, andrógino, queer o cualquier otra que quiera otorgársele, sino que la serie se prolonga y, al mismo tiempo, se fuga hacia un infinito hasta abismarse en el sinsentido. Todas y cada una de las posibilidades son y no son posibles en la asunción de la identidad sexuada del santo representado. La inquietud ante la imposible normativización de la sexualidad al tiempo que la existencia de una sexuación, abren el impasse de la angustia en el espectador de la imagen que figura la sexuación como misterio de la diferencia ontológica misma.

En contrapartida, la sexualidad se da plenamente en el cuadro como voluptuosidad de las superficies, particularmente marcada por el *sfumato* del Vinciano que cubre a su imagen de un erotismo, posiblemente homoerótico en origen pero que trasciende su impulso inicial, inspirado en sus propios discípulos y, particularmente, en la figura de Salai. Que la mano derecha con el dedo índice apunte hacia lo alto prefigura el carácter sacro de la figura pero no insta



FABIÁN LUDUEÑA ROMANDINI

a un amor platónico de cuño ficiniano como a veces se ha querido sostener. En el cuadro, la sexualidad es presentada como completamente voluptuosa y carnal en la figura del santo. Sin embargo, por esa misma razón, ninguna sexualidad y, mucho menos, ninguna sexuación pueden darse por la mera voluntad individual de un sujeto salvo como ilusión provisoria de sentido.

El dedo índice apuntando hacia el mundo supralunar señala que toda sexuación es una exo-estructura que el sujeto recibe como un plus-de-gozar que lo excede pues proviene del trasfondo cósmico de la existencia. El gran teorema implícito de Leonardo se podría traducir del siguiente modo: cuanto más carnal se muestra la sexualidad, tanto más imposible resulta asumir una posición sexuada estable y, por eso mismo, toda sexualidad es inhumana. Lo que solemos llamar sexualidad no es la unión con el partenaire imposible sino el lazo que constituye, trascendentalmente, al sujeto como epifenómeno cósmico de un goce cuya sustancia se halla en la superficie material de lo sensible sin identificarse con él sino, al contrario, vibrando como una objetidad trascendente que sólo se puede aprehender dando cabida a lo invisible.

A pesar de estos argumentos, no se trata en Leonardo de ninguna sexualidad angélica, hipótesis que, oportunamente, también ha encontrado sus defensores. En este sentido, conviene recordar que, para la tradición escolástica, los ángeles no poseen sexualidad deseante:

> El apetito irascible y el concupiscible están en la parte sensitiva, que no existe en los ángeles. Por lo tanto, en ellos no hay apetito irascible y concupiscible [*quod irascibilis et concupiscibilis sunt in parte sensitiva; quae non est in Angelis. Ergo in eis non est irascibilis et concupiscibilis*]. (Tomás de Aquino, *Summae Theologiae*, Iª q. 59 a. 4 s. c.).

La posición ortodoxa, enunciada por Tomás, echa por tierra cualquier suposición de una sexualidad "angélica" por parte de Leonardo según la doctrina propia del canon. Utilizar en este sentido el "sexo angélico" es una metáfora contemporánea de romanticismo político-erótico que no se condice con la tratadística de la época. Sin embargo, en la tradición heterodoxa de la Cristiandad han existido movimientos que han reivindicado la sexualidad angélica desde los adamitas o los gnósticos practicantes de la sexualidad sagrada y el culto espermático que describe, a mediados del siglo IV, Epifanio de Salamina (Benko, 1967: 103-119) hasta fuentes anteriores, cercanas a la apocalíptica judía, como son las que componen el ciclo de Enoc. En dichos mundos mitológicos, no obstante, la sexualidad angélica es siempre un subproducto morfológico de la humana en una suerte de principio antrópico mitopoiético que se ejemplifica cuando, por ejemplo, en el ciclo de Enoc, los ángeles desean únicamente a las mujeres humanas. En suma, cuando hay sexualidad angélica esta resulta ser, en forma bastante decepcionante, humana, demasiado humana. Esto no quita la enorme riqueza de una tradición que, como tendremos ocasión de analizar más adelante con el caso de Enoc, ha llegado por las sinuosas vías de la Historia a la propia concepción de Leonardo sobre la escatología angélica y la historia de la Salvación.

Sin embargo, para Leonardo, su figura es santa precisamente porque es concupiscente. El santo experimenta la concupiscencia pues, de otro modo, no sería humano ni podría ser tentado, pero su prestación específica consiste no tanto en negar dicha sexualidad en el ascetismo como querrían las explicaciones en voga sino que, en un osado y singular movimiento teórico-doctrinal, Leonardo expone el deseo del santo para expresar la in-humanidad de toda sexualidad pretendidamente humana. Imposibilidad, entonces,

     FABIÁN LUDUEÑA ROMANDINI

de cualquier apropiación identitaria y normativa del sexo pero, al mismo tiempo, imposibilidad de escapar de la sexuación. Finalmente, imposibilidad de concebir como humano al atributo más íntimo del humano, su sexualidad. Esos tres imposibles definen el triple principio de la sexualidad de Leonardo en cuya inesperada subversión y fatal incomprensión se han perdido los Modernos en la búsqueda de un deseo que no se puede aferrar pues no les pertenece salvo en aquel momento, intenso pero igualmente precario, de verdad subjetiva en el que el cosmos se materializa como individuo sintiente.

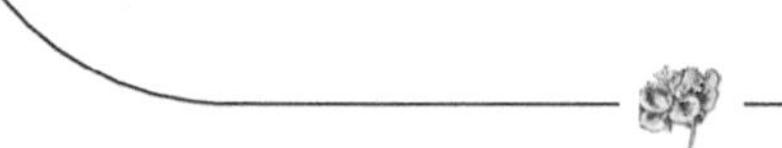

# Mito y Naturaleza

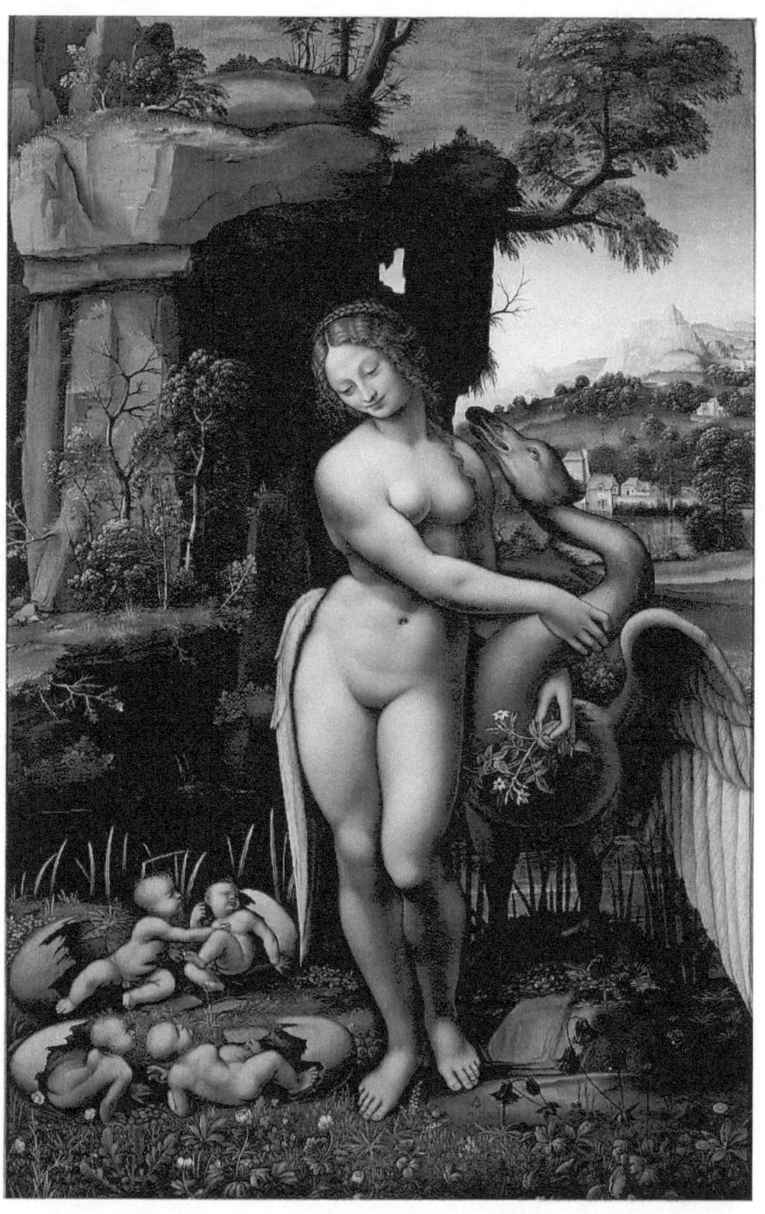

*Leda y el cisne* (*Leda Spiridon*), autoría probable de Francesco Melzi ▲
en variante sobre Leonardo da Vinci, *circa* 1505-1515.
Galeria Uffizi, Florencia inv.1890 (9953).

## I

Entre las diversas variantes del cuadro conocido como *Leda y el cisne* de Leonardo, hoy perdido, nos detendremos en la magnífica versión que, con plausibles argumentos, se ha atribuido con probabilidad a Francesco Melzi —el notable discípulo aristocrático y albacea del maestro—, considerada por los estudiosos como una de las más cercanas al original Vinciano. En este sentido, de todas las copias existentes, seguimos el principio filológico de elegir la que parece representar el sistema de mitologemas más complejo de significados. Ciertamente, el carácter erótico de la representación aparece subrayado por tres aspectos: el desnudo frontal de Leda; su presentación según el paradigma de una Ninfa venusina; el reemplazo botánico de la *typha latifolia* por la aguileña, a la que se le reconocían propiedades afrodisíacas. Con todo, Leonardo no elige, como fue el caso de otros artistas, la copulación entre Leda y el cisne como tema organizador sino que el motivo del cuadro y sus personajes se tornan más enrevesados, al mismo tiempo que una atmósfera *unheimlich* recorre toda la composición.

El mitologema, que presenta una larga superposición de capas históricas y variantes (Marcos Pérez, 2000: 203-231), se refiere, en principio, a Leda, hija del rey Testio de Etolia y de Eurítemis. Por la línea paterna, su linaje está vinculado a Eolo y pertenece a la estirpe de Deucalión. La más antigua tradición la hacía hija de Zeus y Némesis, a su vez hija de la Noche y "azote para todos los mortales" (Hesíodo, *Teogonía*, 223). Intentando huir de Zeus, Némesis se habría transformado en oca pero, aun así, Zeus pudo mantener una relación sexual con ella metamorfoseándose en un cisne. Némesis, acto seguido, puso un huevo pero lo expuso. Un pastor le encomendó a Leda aquel huevo al que cultivó en un cofre hasta que de él nació la bellísima Helena a quien hizo pasar por su hija (Apolodoro, *Biblioteca*, III, 10, 7). De hecho, los estudiosos han pesquisado sobre un grupo escultórico, realizado por Fidias o su discípulo Agorácrito de Paros sobre la base de una escultura de Némesis en su templo hexástilo de orden dórico de Ramnunte, donde Leda presenta a Némesis ante Helena (Pausanias, *Descripción de Grecia*, I, 33, 7-8).

Desde Eurípides, en cambio, se sostuvo una nueva línea mitológica según la cual es Leda quien puso los huevos fruto del amor con Zeus (Eurípides, *Ifigenia en Áulide*, 794-801). De hecho, el propio Eurípides destaca que el cisne tenía un largo cuello (aspecto figurativo retomado en el cuadro de Leonardo). De allí que Leda haya engendrado los cuatro niños-ave que encontramos en el cuadro de Leonardo: Cástor y Pólux, por un lado, y Helena y Clitemnestra, por el otro (Servio, *Comentario a la Eneida*, 3, 28). En este sentido, cabe recordar especialmente la existencia del templo de las Leucípides en Esparta, donde se adoraba la cáscara de un huevo gigante que pasaba por ser, precisamente, el de Leda (Pausanias, *Descripción de Grecia*, 3, 16, 1).

Una tercera rama del mito señala que Leda se unió también a su marido Tindáreo en la misma noche que lo había hecho con Zeus y de allí una repartición de los hijos, todos nacidos de respectivos huevos: Pólux y la futura Helena de Troya como hijos de Zeus mientras que Cástor y Clitemnestra serían los vástagos de Tindáreo (Píndaro, *Nemeas*, 10, 79 y ss). Justamente, en este ciclo mitológico, Cástor

   FABIÁN LUDUEÑA ROMANDINI

y Pólux no participaron de la afamada guerra de Troya puesto que habrían sido divinizados, fruto de los mitos vinculados a las Leucípides, antes del estallido bélico.

Por cierto, en ningún caso está en duda la metamorfosis de Zeus en cisne y los huevos vinculados a Leda así como tampoco los nacimientos de los niños-ave. Estos mitemas actúan como un trasfondo común que atraviesa las particularidades de las variantes morfológicas del mito. Dentro de las interpretaciones contemporáneas, se destaca la llevada adelante por Karl Kérenyi. Aunque partía de un supuesto equivocado como era la asimilación de Leda con Némesis, su intuición de que el mito encierra una temática que involucra al mitologema de la "mujer primordial" no puede dejarse de lado (Kérenyi, 1945) así como tampoco la lacerante exhortación poética de W. B. Yeats según la cual es necesario interrogarse si en el coito entre Leda y Zeus "la sangre aérea de la bestia [*brute' blood of the' air*]" le habría permitido a la joven el poder (*power*) y la sabiduría (*knowledge'*) del dios antes de que la dejase partir (Yeats, *Leda and the' Swan* = Yeats, 2008: 182).

El cuadro de Leonardo no deja de poner de manifiesto un aspecto milenario que rodea la relación entre el sexo masculino y su contrapartida femenina o, también, igualmente masculina (es suficiente con mentar a Zeus metamorfoseado en águila para raptar a Ganímedes). Se trata de un aspecto ritual que se remonta a los tiempos arcaicos en los que la cacería amorosa revestía las formas plenas de la animalidad y de donde surge, con toda fuerza, el culto al cisne. En ese sentido, ya sea Némesis como diosa vengadora o Leda como gestante inter-especie, ambas constituyen el reflejo de la Ur-Ninfa primordial asociada al origen del mundo y la procreación de los seres vivos en su dimensión cosmológica.

Por su parte, el cisne no sólo estaba relacionado con la figura erótica de Venus como lo muestra el fresco del Palacio Schifanoia en Ferrara (tan caro a Aby Warburg) donde *el Triunfo de Venus* muestra al carro de la diosa tirado por dos cisnes, sino que, además, estaban estrechamente vinculados al legendario pueblo hiperbóreo en el culto apolíneo, en la remota historia pre-délfica del dios solar. De hecho, en los montes Ripeos, durante los oficios de los sacerdotes de Apolo, se formaban nubes de cisnes que, con un coro sobrehumano, purificaban el templo (Claudio Eliano, *De natura animalium*, XI, 1).

Por su parte, Sócrates le responde a Simmias que los cisnes son maestros en las artes adivinatorias dado que se encuentran bajo la égida de Apolo (Platón, *Fedón*, 85 b), lo cual también nos es confirmado por una serie diversa de fuentes (Aristófanes, *Aves*, 769 y ss). En este punto, resulta desmentida la tesis de Étienne Souriau para quien "el animal vive la esteticidad de su existencia, no la canta" (Souriau, 1965: 109). Sin embargo, precisamente si algo realiza el cisne es elevar el canto cósmico que celebra la caducidad y el renacimiento solar del mundo en la profecía de los tiempos por venir.

De igual modo, el propio huevo no puede ser obviado como símbolo con valor por derecho propio, pues se encuentra en numerosas cosmogonías, comenzando por la de Némesis, Leda y Zeus, donde es posible detectar su carácter de Huevo con mayúscula, es decir, su originaria pertenencia al ciclo cósmico de los orígenes del mundo y, en un sentido metafísico, como el reservorio ontológico de la multiplicidad de los seres que pueden habitar los mundos posibles.

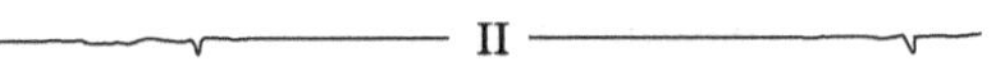

II

En el cuadro de Leonardo la presencia de lo *unheimliche*, como decíamos, se hace sentir en cuanto se contemplan las figuras. Sin retra-

  FABIÁN LUDUEÑA ROMANDINI

tar la violación de Leda por el cisne como ha sido el caso de otras representaciones menos sutiles, Leonardo logra producir inquietud (y una serena esperanza) en una combinación de maestría inigualada. Leda puede ser un símbolo que la trasciende en la historia mitológica para transformarse en un arquetipo de mujer primordial que señala, incluso más allá de su sexo biológico, la cadena de la fecundidad del cosmos. Más allá de su sexo puesto que el proceso mismo de la reproducción es completamente subvertido en tanto y en cuanto Leda no pare aquí como un ser humano sino, más propiciamente, como un ente inter-especies a quien no se le puede asignar una morfología humana sino sólo a título parcial o, si se quiere, en el nivel fenoménico de las apariencias.

En el caso de Zeus, su metamorfosis en cisne, a la vez sensual, erótico y amenazante, señala una propiedad profunda del poder soberano: éste se manifiesta, muchas veces, bajo la forma animal y, más específicamente de una bestia inquietante: acierta allí Yeats, particularmente, con su designación de Zeus como bestia (*brute*). En este punto, es soberano quien tiene la capacidad de manipular las potencias de toda la naturaleza y atravesar todas las formas vivientes en Gaia según su voluntad. En este sentido, la metamorfosis de Zeus no es un proceso natural sino la demostración de un poder. Por un lado, atenuando su presencia divina bajo la forma de un animal simbólico y, por otro, reproduciendo el ritual de la cacería amorosa como una forma intrínseca del proceso de la *physis* secretamente gobernada por un *nómos* (en este caso divino).

En este punto, nos hallamos ante un eslabón de importancia insustituible en el proceso de una ultra-historia de la ecología que suele pensarse a sí misma como una ciencia especialmente bucólica, enteramente definida y dedicada al equilibrio ecosistémico. En el cuadro de Leonardo y en el mitologema que lo nutre, al contrario, se pone en evidencia el árbol genealógico de la noción de ecología que deriva, sin mediación de ningún azar, del griego *oikos*, vale decir, de la noción de casa en el sentido amplio de la administración de una propiedad, sus tierras y sus habitantes (hijos, mujeres, esclavos) bajo la dominación de un jefe de familia que, por definición, ejerce el equilibrio de las partes mediante un poder despótico. Es decir que detrás de todo el equilibrio ecológico que la escena del cuadro pueda presentar (y la ecología contemporánea ilusionarse con poseer) se cierne la sombra de un poder soberano sobre Gaia. Un poder que, por otra parte, no siempre responde a un régimen de visibilidad manifiesta ni se arroga las formas esperables.

En el mundo antiguo, ese poder soberano podía ser ocasionalmente asumido por Zeus sobre Leda como una suerte, esta última, de Gaia primordial en la Edad del Mundo en la que al Cronida le tocó gobernar el cosmos luego de derrotar a los titanes y gigantes. En el mundo moderno, ese poder recae en una técnica omnipresente donde la idea misma de la división entre *physis* y *nómos* postulada con el objetivo de preservar una ecología pura es conceptualmente imposible, así más no sea por el hecho mismo de la que la propia ecología es el nombre de una *tekhné* que busca actuar sobre la naturaleza para producir lo que entiende debe ser en ella la norma de un equilibrio. Una decisión epistemológica que, por ese mismo hecho, no puede dejar de ser humana y soberana. Pues, en esta Era del Mundo, el poder sobre Gaia recae en la *tekhné* que, sin lograr borrar la distinción entre *physis* y *nómos*, se sitúa en un plano de soberanía que determina el destino de todos los vivientes aun cuando los seres hablantes se arroguen el principio ilusorio de no ser la fuente responsable de la decisión última.

Con todo, el cuadro de Leonardo desmiente a la ecología en su noción de equilibrio perpetuo porque su transformación en cisne

     FABIÁN LUDUEÑA ROMANDINI

y la alteración que, consecuentemente, introduce en el proceso reproductivo de Leda, subvierte desde sus fundamentos las interdicciones de los procesos biológicos de especies separadas. Al mismo tiempo, como ha sigo sugerido por Gaston Bachelard, todo cisne conlleva, en sí mismo, un hermafroditismo primario. Sin embargo, para ser más exactos, habría que decir que no existe, al menos en el cisne de Leonardo, tal hermafrodismo sino, más bien, una suerte de dislocación de los sexos, los géneros y las especies que se transmutan, sucesivamente, unas en otras. De este modo, el cuello extenso del cisne, símbolo fálico, convive con un cuerpo feminizante pues emula las curvas de la propia Leda, haciendo de Zeus un cisne supradeterminado en la sexuación y plurimorfo cuyo canto, si seguimos en este preciso punto a Bachelard, evoca precisamente al deseo pues sólo este último puede expresarse en un canto extático de muerte (Bachelard, 1942: 51-52).

En este sentido, el cuadro de Leonardo nos muestra cómo Zeus y la propia Leda van no sólo más allá del sexo sino también del género, pues llevan consigo el principio disolvente del sexo y, de manera concomitante, del propio género que sólo tiene sentido en el mundo del *nómos* humano que aquí se halla completamente disuelto. La ontología inter-especies que pone de manifiesto el cuadro da cuenta de una analepsis en el orden del Ser que altera cualquier identidad de especie, humana, animal y a fortiori, de cualquier tipo. Por consiguiente, la cacería amorosa entre Zeus y Leda subvierte no sólo el sexo sino también el género, ya que el sustrato ontológico que les da sentido queda obsoleto frente a la radicalidad de una naturaleza que es todas las identidades posibles en una transformación perpetua.

En ese sentido, el mismísimo poder soberano de Zeus se ve sacudido en sus fuentes por su propia capacidad metamórfica que, en cierta forma, supera su propio impulso predatorio para dejar en evidencia que la ontología de las especies naturales obedece a una lógica multivalente de las formas que aguarda todavía una biología filosófica que pueda hacerle plenamente justicia y llevarla más allá de cualquier escisión entre *nómos* y *physis*. De igual modo, cabe señalar que los cuatro hijos de Leda nacen de respectivos huevos y, por tanto, son el resultado de un experimento inter-especies que liquida la reproducción como dato biológico natural para transformarlo en un problema filosófico-político. Los seres que nacen de esos huevos no son, técnica ni ontológicamente humanos ni divinos, así como tampoco morfológicamente humanos o animales.

El Huevo mismo, de hecho, está allí para señalar la condición de posibilidad de toda metamorfosis cósmica pues constituye el vórtice que contiene todas las formas posibles de la vida y, en ese sentido, es una multiplicidad arquetípica, un Uno que se desmultiplica en el espacio vital conocido como Gaia. Empero, desde un punto de vista metafísico, el Huevo cósmico se halla por encima de la propia Gaia pues involucra todo advenimiento del Ser como vida material, sobrevivida post-material o insistencia de vida inmaterial. Tal vez por esta razón es posible afirmar que la metamorfosis "no conoce un final [*la métamorphose n'a jamais de terme*]" sino que su diferencial es el propio "destino" (Coccia, 2020: 54).

Los hijos de Leda, nacidos de huevos, son por tanto híbridos ontológicos que muestran la fuerza transformadora de Gaia que supera, incluso, las predicciones soberanas de Zeus que no tenía previsto, con su accionar, semejantes consecuencias involuntarias de su acción. En este aspecto, el cuadro de Leonardo presenta la inaudita capacidad de mostrar lo fascinante y ominoso del teorema que pone en evidencia: jamás seremos post-humanos porque no sólo no existen los humanos a los cuales superar, sino que la noción misma de "especie", animal o de cualquier tipo dentro de la cadena óntica, merece ser revisada por completo en nombre de una concepción ontológica a la altura de los auténticos desafíos que presenta el mundo llamado natural.

Tal vez por ello, a pesar de la presencia soberana de Zeus, Leonardo nos muestra la ingenuidad de este último pues el auténtico poder del mundo no se halla en el ilusorio sostén regio del dios supremo, sino que se encuentra en la potencia material de Gaia de la cual él mismo es un instrumento involuntario en la perpetua transformación cósmica de lo viviente. Esta dimensión de Gaia deviene, por consiguiente, en un postulado esencial de la ontología analéptica como post-metafísica materialista. Ante esta evidencia, nos enseña Leonardo, toda soberanía, toda especie y toda identidad resultan abolidas como ilusiones que, a pesar del poder que han ejercido en las civilizaciones de los seres hablantes y quizá también por ello, están absolutamente desligadas de cualquier ontología que ponga en evidencia la analepsis que habita en el corazón del Ser.

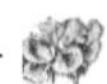

*Salvator Mundi.*

# El destino teológico-político del artista como cartógrafo ultra-moderno del cosmos

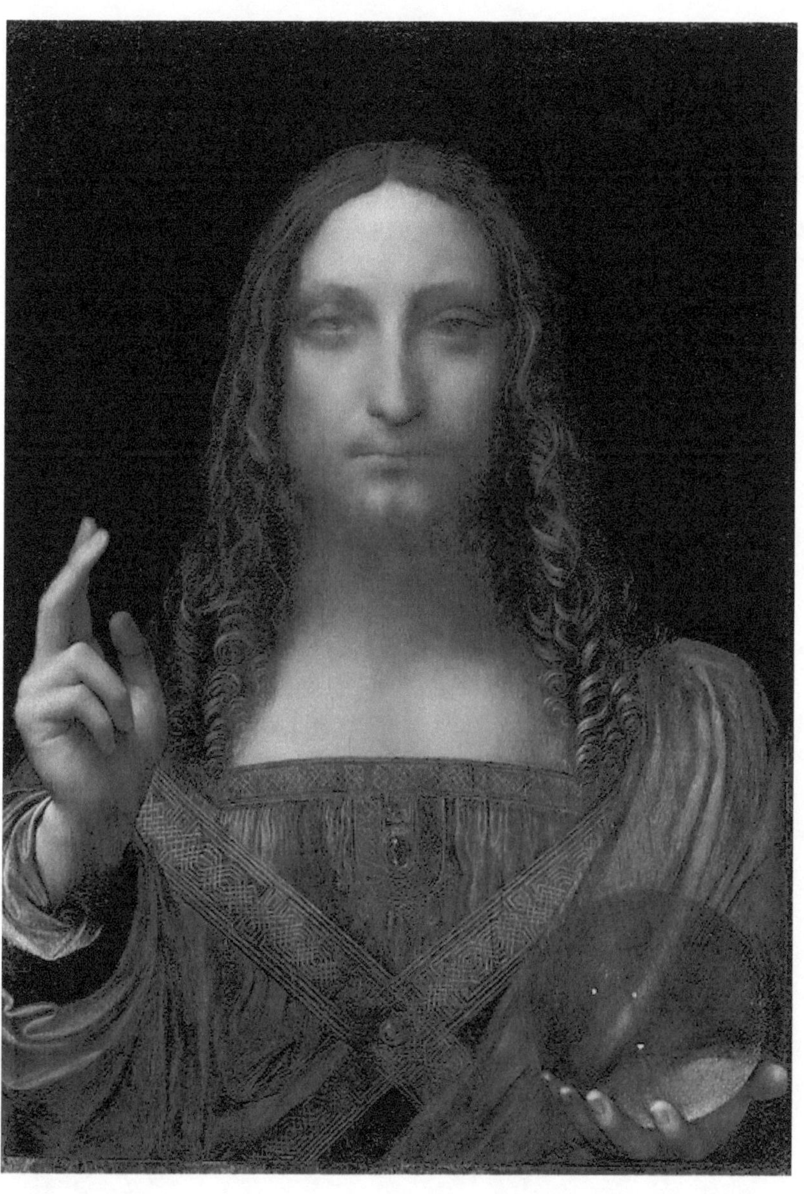

*Salvator Mundi* (circa 1500), ▲
colección privada.

## I

La obra conocida como *Salvator Mundi* pasa por ser, hasta la fecha y no sin controversia, la última pieza de Leonardo que ha resultado favorablemente autenticada (Kemp, 2011: 174-175). Al mismo tiempo, su sentido constituye un enigma de enorme amplitud y puede ser considerada una suerte de legado filosófico último del artista. *Prima facie*, podemos decir que nos ofrece un retrato de Cristo como Emperador que, con su omnipotencia, deviene en el Salvador celestial tanto del mundo espiritual como terrenal aunando así, en su persona, las dos aristas del poder bivalente que ha definido la historia teológico-política de Occidente y más allá.

Resulta insoslayable, en este contexto, que ya los emperadores romanos pudiesen recibir el apelativo de *divus* para dar lugar a la *consecratio* que, mediante un acto jurídico, precedía a la divinización de la figura imperial (Koeps – Herrmann, 1957: cols. 269-294; Koeps, 1957: cols. 1251-1257). Así, cuando el emperador fallecía podía, ocasionalmente, procederse al ritual de su divinización si se contaba precisamente con el *iurator* que testimoniaba de la ascensión a los cielos de la *imago* del Emperador después de su muerte (Bickermann, 1929: 1-31). Testimonia este hecho la divinización de Augusto (Tácito, *Annales*, I, 8; 9 y 10), si bien en todos estos casos, no debe descuidarse la compleja ortopraxis ritual antes señalada y que rodeaba al acto sacro-jurídico (Price, 1986). Según estos ritos, con la consagración post-mortem de los emperadores romanos, comienza a surgir el primer eslabón de la cadena que conduciría a la doctrina de los dos cuerpos del Rey (Kantorowicz, 1997) vale decir, la durabilidad extensa del *officium* como función pura y vacía que preservaba la eternidad del poder y, de manera concomitante, la caducidad de su precaria encarnación física.

Como establecía un tratado posterior a Leonardo pero que responde a una misma concepción teológica, el Mesías resulta Salvador del Mundo porque, en primer lugar, es su Creador (Bodgani, vol. I: 92). Ya la tratadística medieval del Derecho romano-canónico había establecido que, precisamente en la figura de Cristo, el Papa y el Emperador se reducen a una misma figura que representaba la *"communis unitas"* del oficio de la soberanía máxima sobre el cosmos (Hugo de Fleury, *Tractatus*, I. c. 2). Ese cuerpo místico que el propio Mesías asume como Salvador y supremo regente del cosmos es enunciado por Juan de París con la fórmula *"una est ecclesia, unus populus, unum corpus mysticum"* (Juan de París, *Tractatus*, c. 18-19). En ese sentido, Guillermo de Ockham señalará que Cristo es, precisamente, el punto de unión del poder binario que se expresa en las figuras del *sacerdotium* y el *imperium* (Ockham, *Octo quaestionum*, I, c. 1 y 18). Finalmente, podremos encontrar el mismo razonamiento en la tratadística del siglo XV (Antonio de Rosellis, *Monarchia*, I, c. 42). Reforzando, de hecho, esta tradición es que Gregorio Magno había precisamente enunciado el *dictum* según el cual "aquel que es elevado a la cúspide del poder recibe el sacramento de la unción" (Gregorio Magno, *Expositiones*, 4, 5 = Migne, 79: col. 278).

En otros términos, el Salvador recibe la gracia del poder pneumático sobrenatural que define la fuente última de todo el Poder

     FABIÁN LUDUEÑA ROMANDINI

en la tratadística oriental y occidental y que se cifra en el nombre de Espíritu Santo. De ese modo, se da continuidad a la tradición de una sacralidad como la teorizada por el emperador Constantino VII Porfirogéneta, quien agudamente señaló que Cristo y, por ende el propio emperador, gobiernan el mundo según el orden armónico que el Creador impartió al universo. Como puede apreciarse, no existe ninguna teología política que no tenga asiento, en última instancia, en una auténtica cosmología política.

En una mutación histórica cuyas consecuencias se hacen sentir hasta el presente, el poeta y luego por extensión el artista, podrán ser considerados bajo la rúbrica de constituir un *Vicarius Christi* o un *Vicarius Dei*, una cualidad que, expandida bajo la égida del derecho romano-canónico, no podía sino llamar la atención de Leonardo y su concepción suprema (y cuasi-esotérica) del arte. De hecho, como ha sido magistralmente señalado:

> Para las funciones de los poderes seculares y espirituales, arrogarse la *plenitudo potestatis* correspondía a una realidad; esto se volvió también válido para las funciones del poeta y, por extensión, del pintor y del artista en sentido amplio. Resulta de ello que quizá no haya sido inútil haber propuesto aquí la cuestión de saber hasta qué medida y en qué aspectos la teología artística del Renacimiento ha podido seguir los caminos trazados por la teología política de los juristas medievales. (Kantorowicz, 1961: 279).

Los artistas se transforman, de este modo, en los verdaderos soberanos secularizados del Renacimiento obteniendo su poder *ex ingenio* por medio de prerrogativas que antes pertenecían al monarca de la teología política medieval. Serán los artistas que Dante habrá de consagrar con "la corona y la mitra", vale decir, con los ornamentos antes reservados exclusivamente para las coronaciones imperiales (Dante Alighieri, *Divina Commedia*, XXVII, 142). Por otro lado, como ha sido recordado con agudeza, toda imagen como retrato pone a prueba el "poder teológico-político de la representación" (Derrida, 2003: 194), hecho que aquí se ve reforzado entre la superposición del retrato cristológico con el autorretrato del artista (que debe ser comparado con el autorretrato de Leonardo de Turín) dando lugar a una potenciación inusitada de superposiciones no sólo de sentido sino de vectores ontológico-políticos que hacen estallar cualquier representación con el fin de destilar una auténtica imagen teúrgica.

—————⌄——————— II ———————⌄—

De ningún modo puede minimizarse o descuidarse el carácter decisivo que la doctrina del Pseudo-Dionisio Aeropagita ha tenido en Occidente respecto de la creación de imágenes y su sentido. De hecho, los estudiosos han prestado especial atención a la introducción en Occidente de los escritos iconófilos de Teodoro Studita y del Pseudo-Dionisio en tanto fuentes para la iconografía (Christie, 1969). De hecho, en el caso de este último, podemos constatar que su tratado sobre la *Jerarquía celeste* presenta a las imágenes de la divinidad como figuras sacras o, según un tecnicismo propio del autor, una *typoplastía*, una suerte de símbolo figurado que vehiculiza la potencia de las esencias celestiales. La imagen es el espacio donde puede desplegarse la Tearquía, la figura como resultante teúrgica de las potencias sacras que embeben a la *pictura* de la fuerza divina mediante la anagogía como forma de imaginería infusa del Poder cósmico obtenido por la acción angélica (Pseudo-Dionisio Aeropagita, *De Coelesti Hierarchia*, XV, 1-9). De este modo, tenemos aquí

                                        FABIÁN LUDUEÑA ROMANDINI

la clave del estatuto teo-ontológico que reviste una imagen como la que Leonardo se propuso delinear en el *Salvator Mundi*.

La herencia de la antigüedad respecto de las imágenes del ciclo político del Evangelio muestran que estas últimas no eran profanas sino, al contrario, imágenes de culto que provenían originariamente de fuentes greco-romanas pero también de los cultos orientales mistéricos, como el mitraísmo, presentes en el mundo romano (Will, 1955). De esta forma, una política teologizada da lugar, con la mediación del cristianismo, a la aparición de una teo-iconología política que establece, de pleno derecho, a la imagen sagrada como objeto de culto y, más precisamente, embebida del carácter dogmático, vale decir, jurídico, del cual toda imagen de la divinidad era detentora.

De esta forma, el Derecho no sólo se expresaba por medio de leyes escritas sino que constituía, literalmente, una imaginería política donde la propia imagen era surgente del *ius*, y por tanto este último adquiría un lazo que, más allá de la inspiración de la Letra sagrada, permitía una teología visual de lo jurídico. El lenguaje del Derecho romano-canónico no era, como suele proclamarse habitualmente, un corpus textual sino también una inagotable proliferación de imágenes cultuales con valor sacro-jurídico.

Al mismo tiempo, hay que tener en cuenta, al analizar el cuadro de Leonardo, que según una tradición secular, la imagen pintada, más aun si es concebida teúrgicamente, atrae un poder invisible que la transforma en ícono infuso de un pneuma sobrenatural que presupone una Archi-figura absoluta, inaccesible que, por esa misma propiedad, deviene la condición de posibilidad de toda imagen teo-político-iconológica: se trata de la imagen de Dios que, en la eternidad, se despliega, según pensaba Nicolás de Cusa, como "el original de todo lo que existe" (Nicolás de Cusa, *De visione Dei*, 15).

Con otra conceptualización, Gabriele Paleotti, arzobispo de Bolonia, en su tratado sobre las imágenes sagradas y profanas que comenzó a publicarse en 1582, asimismo establecía que la imagen en sí no era divina sino en la medida en que representa a un "prototipo" y autoriza, en términos de adoración, la *latria* para Dios, la *hyperdulia* para María y la *dulia* para los santos (Paleotti, 2002: 93-97). De todas maneras, la concepción teúrgica de Leonardo permite lo que Paleotti separa, esto es, que el prototipo pueda actuar infundiendo sacralidad viviente a la imagen según la mediación del pintor transformado en teúrgo de las imágenes.

Llegados a este punto, podemos decir que existe en el cuadro una suerte de heautoscopía topológica donde Leonardo está, a la vez, dentro y fuera del cuadro que no representa ni a Cristo ni a Leonardo sino, más bien, al doble de Cristo como Leonardo, un doble que está fuera del propio cuadro pero que, deícticamente, lo determina. La situación hace que este cuadro no se complete nunca a sí mismo con la imagen presente ante el espectador. La imagen supone su doble ausente pero insistente (y, por tanto, no representativo) que determina lo efectivamente mostrado. Lo invisible devine así la condición de posibilidad de lo visible como archi-figura de todo régimen de visibilidad. Como corolario de lo antedicho, el cuerpo del cuadro se constituye, entonces, en el "entre" ambas posibilidades del paso de lo invisible a lo visible como la bilateralidad de un mismo dispositivo de imagología.

El triunfo del artista no debe ser interpretado entonces en el sentido actual del término sino como la coronación, en Leonardo, del pintor como filósofo supremo que se produce, al mismo tiempo, como artífice máximo. Su divinización en el cuadro lo transforma en co-credor del mundo. Este rasgo será perdido, de manera palmaria, en los siglos posteriores hasta el punto de transformarse, en

     FABIÁN LUDUEÑA ROMANDINI

nuestro tiempo, en una opacidad esotérica que resulta necesario despejar para comprender la subversión metafísica que este cuadro de Leonardo supone para el entendimiento, asimismo, de toda imagen en cuanto tal abriendo posibilidades aún inexploradas para el filósofo como artista eminente.

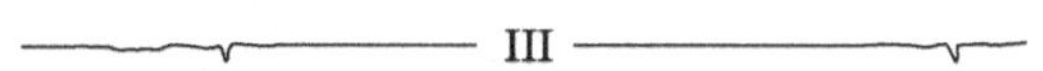

## III

La esfera que el *Salvator mundi* porta en su mano izquierda merece una reflexión aparte. El tema representado era frecuentado, a comienzos del siglo XVI, por los pintores del norte de Europa. Sin embargo, Leonardo introduce cambios importantes entre los que se destaca la permutación del tradicional *globus cruciger* por un orbe de cristal compacto y transparente en cuyo interior se encuentran tres burbujas de forma irregular (huecos de los cristales). El orbe cristalino de Leonardo sería, por lo tanto, como lo ha sugerido Kemp, un exquisito cristal de roca (calcita transparente) donde las incrustaciones representan las estrellas y, por tanto, existe aquí una permutación donde, en realidad, Cristo está salvando no sólo a la Tierra sino al cosmos en su totalidad. Ahora bien, tres marcas blancas destacan sobre el resto en la esfera y, tratándose de Leonardo, hay que excluir el azar y presuponer un propósito deliberado en la anomalía.

Este rasgo puede ser, por esta misma razón, perfectamente explicado:

> en la esfera sostenida por Cristo, además de las omnipresentes burbujas, se destacan tres marcas blancas, de mayor tamaño y más claramente notables. Si interpretásemos estas partículas como objetos astronómicos representados en la esfera, se

trataría, de izquierda a derecha y de arriba hacia abajo, de la luna, la Tierra y el sol [...] lo que revelaría un conocimiento muy preciso de Leonardo de la cosmografía tolemaica. (Burucúa – Kwiatkowski, 2014: 174).

Si esta interpretación es la más apropiada, resulta entonces aun más necesario considerar que, en este cuadro, la esfera sostenida por Leonardo tiene una doble valencia: por un lado, la esfera del cosmos tolemaico (y no meramente la Tierra) y, por otro, una alusión a las propiedades perfectas de la esfera del supramundo, es decir, de Dios.

Como ha sido recordado por Peter Sloterdijk en su estudio metafísico de la morfología de la esfera y el globo a partir de fuentes herméticas y neoplatónicas, la *sphaira* divina y la humana están siempre en tensión en la herencia del pensamiento filosófico (Sloterdijk, 1998: 465-581). La armoniosa imperfección de la esfera humana es siempre contrabalanceada, no sin argumentos contradictorios, con la luz noética de la esfera divina que recoge sobre sí la misma luz que irradia. Y, en esa dirección, la esfera metafísicamente bivalente de Leonardo apunta en una dirección que todavía él mismo no podía quizá prever (pero que tal vez podía intuir dado el precedente de Nicolás de Cusa), esto es, que los atributos de la infinitud propios de la esfera divina pudiesen ser transmitidos a la esfera humana y, a partir de allí, desarrollar, por una suerte de traslación secularizante teológico-cósmica, la posibilidad de que la esfera misma, en la mano del Cristo, sea portadora de un universo infinito. Con el correr de un poco más de tiempo, se podrá hablar de infinitos universos posibles, un poco a la manera de las hipótesis del físico Thomas Wright en el siglo XVIII, que aparecen justo cuando los seres hablantes, como ha sido señalado, sienten que la uranología

   FABIÁN LUDUEÑA ROMANDINI

de un cielo protector y omniabarcante los abandona hundiéndose
en inesperados espacios siderales propios de una globalización
político-económico-científica en ascenso que los llevará hacia "una
infinitud sin firmamento [*einer firmamentlosen Unendlichkeit*]"
(Slojterdijk, 1998: 815).

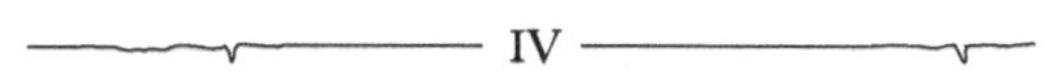

IV

En el ciclo histórico de la Universidad global, el filósofo ha visto
cómo su función resultaba, progresivamente, asumida por otros
semblantes de ejercicio. Hubo, durante un breve lapso, lugar para
el filósofo universitario como orfebre del texto: podía traer ideas
al mundo mientras se anclaran sobre la Tradición escrita. Podía
llegar hasta el punto de cuestionar esa venerable Tradición como
tal pero con la condición de no salir de la textura escrita. Quienes
intentaron transgredir ese interdicto, revolucionarios o locos, fueron escrupulosamente castigados. En segundo lugar apareció el
profesor, cultor incólume del psitacismo, destinado a transmitir, sin
cambios, un conjunto de doctrinas estables creadas en otros sitios,
preferentemente, en las arenas del poder. Los profesores, llegado su
momento, fueron cuestionados puesto que la instrucción, aunque
repetitiva, proveía las posibles herramientas de un ejercicio autónomo de la Crítica. Al día de hoy son una especie en extinción junto
con las Humanidades que los cobijaban. En tercer lugar, emergió el
*coach*, hoy figura dominante en las aulas presenciales o virtuales, a
quien se le pide no sólo transmitir ideas que el poder cambia cada
día desestabilizando cualquier episteme y, por tanto, haciendo de
la pedagogía una mera auxiliar del entrenamiento en la utilización
de dispositivos tecnológicos sino que, primordialmente, se le exige
innovación. Esta palabra no puede esconder su prosapia pues, en el

contexto actual, no significa otra cosa que la procreación de ideas destinadas a la mejora de la producción, al beneficio en el mercado mundial de las ideas o las cosas susceptibles de ser explotadas en su valor de cambio.

Leonardo no enseña otra cosa salvo que su doctrinal es inútil para el mundo contemporáneo y necesitará anclarse en la filosofía venidera de un Eón aún impredecible. Podemos inferir una tríada de propiedades etopoiéticas para oponer, punto por punto, a los tres semblantes anteriormente descriptos. El filósofo deberá realizar todavía una conversión y volverse un psicopompo capaz de crear psiques inexistentes y tratar con las de los vivientes, biológicos o sintéticos, que sobrevendrán en el tiempo futuro. No deberá ser un adoctrinador sino un teúrgo con la habilidad de anudar, de un modo completamente novedoso, la materialidad de lo invisible como sustancia primigenia de una epifanía eidética. Finalmente, deberá ser un taumaturgo, vale decir, alguien que, abandonando el uso exclusivo de la textura escritural, pueda avanzar sobre todos los medios operativos a su alcance con el fin de transformar el mundo de cabo a rabo para fomentar la aparición de una geografía desconocida de lo real, anudando los saberes de un modo otro que la hiperciencia contemporánea no puede siquiera imaginar. Cuando, en los ciclos del tiempo por venir, los vientos anuncien el amanecer de otra filosofía, despertarán de su latencia quienes deseen asumir ese nombre una vez más. No podrán hacerlo, en ese caso, sin volver sobre la enseñanza de quien, para ese entonces, quizá pueda haberse convertido en un maestro al que se desee, en lugar de admirar y mercantilizar, escuchar y proseguir: Leonardo.

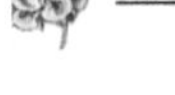

   FABIÁN LUDUEÑA ROMANDINI

El Eón del Apocalipsis
como arcano último del
destino planetario...

o el advenimiento del
Cordero Místico

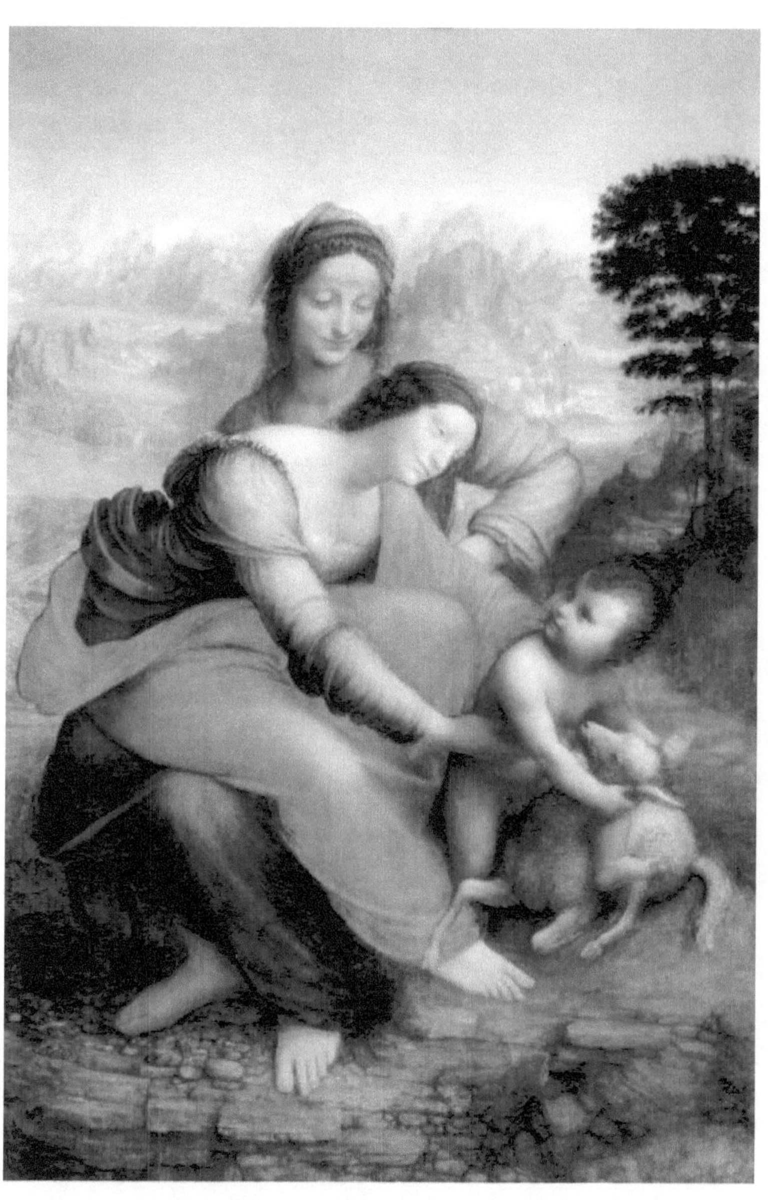

*Santa Ana, la Virgen y el Niño, circa 1502-1513 (?).* ▲
Óleo sobre madera de álamo, Paris, Museo del Louvre.

— I —

En el preludio del final de los Tiempos, el Vidente del *Apocalipsis de Juan* proclama la soberanía del Dios fulgente sentado en su trono mientras este hace su ingreso en la escena celestial bajo la forma transfigurada del "Uno [regio] sentado en el trono [*epí 'tòn thrónon' kathémenos*], de aspecto semejante al jaspe y a la coralina, y un arcoíris alrededor del trono, de aspecto semejante a la esmeralda" (*Apocalipsis* 4, 2-3). La potencia de Dios no tiene ninguna forma antropomórfica y su teocracia se pone de manifiesto, con ecos en el Antiguo Testamento, bajo la forma de una especie de lapidario ultra-metafísico donde el Dios se hace reconocible en las propiedades de las piedras que reflejan su poder que, siendo tan devastador, sólo puede hacerse visible en una suerte de anamorfosis mística de su propia figuración lumínica.

Veinticuatro Ancianos están sentados, según el Vidente, en otros tantos tronos individuales que rodean al Trono de Dios, del cual brotan relámpagos y truenos. Rodean al Trono los cuatro Vivientes llenos de ojos y cada uno con seis alas: el león, el novillo, el Viviente de rostro humano y el águila en vuelo, siendo su misión la liturgia doxológica perpetua del "Santo, Santo, Santo" en referencia al Todopoderoso. Estas figuraciones de la divinidad bajo la forma de piedra o de animales llevan también el sello de una difracción, vale decir que, según una singular topología, cuanto más alejada de lo divino está una figura tanto mejor puede dar cuenta del carácter invisible de la deidad. Se pone entonces aquí en juego una suerte de semiótica que, para otro contexto que resulta no obstante también aquí pertinente, ha recibido la denominación de *"signa translata"* (Didi-Huberman, 1995: 268).

En el trono se encuentra el libro de los siete sellos cuyo indomable poder podía ser abierto, precisamente, por la más extraña de las criaturas del *Apocalipsis*: "se presentaba el Cordero, como degollado [*arníon hestekòs hos esphagménon*]", portador de siete cuernos y siete ojos, que son los siete Espíritus de Dios, enviados a toda la tierra (*Apocalipsis* 5, 6). El Cordero degollado tiene las propiedades teológico-políticas supremas: "el poder [*dúnamin*], la riqueza [*ploûton*], la sabiduría [*sophían*], la fuerza [*ischùn*], el honor [*timèn*], la gloria [*dóxan*] y la alabanza [*eulogían*]" (*Apocalipsis* 5, 12). Esta auténtica suma de los poderes teológicos permitirá a esta criatura enfrentarse a los más aterradores enemigos: el Dragón y las dos Bestias, terrestre y marina respectivamente. El encerramiento del Dragón Satánico dará lugar al legendario reino milenario después del cual Satán habrá de convocar a Gog y Magog para la conflagración final que tendrá su punto culminante en el fin de la historia cuando Satán sea arrojado a los fuegos infernales y, por fin, para sanar la devastación de la tierra, descenderá de los cielos una inusitada ciudad sobrenatural conocida como la Jerusalén Celeste.

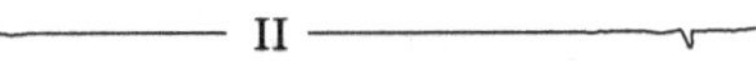

II

El *Apocalipsis de Juan*, último libro del canon cristiano de la Biblia, presenta cualidades tan peculiares e idiosincrásicas que precisamente todo el género teológico-político conocido como "apocalíptica" deriva su nombre retrospectivamente de este texto. Con todo, es

    FABIÁN LUDUEÑA ROMANDINI

igualmente cierto que los estudiosos más agudos y sin temor a la innovación conceptual en la erudición, han encontrado siempre dificultades para delimitar los alcances específicos de esta literatura (Carmignac, 1979: 3-33).

La presencia del Cordero en el cuadro de Leonardo conocido como *Santa Ana, la Virgen y el Niño* es el detalle que marca el rasgo distintivo que necesariamente debe procurar una pesquisa cuidadosa. La presencia de Santa Ana, madre de la Virgen María, no debe sorprendernos a pesar de que no se la puede hallar en los Evangelios canónicos sino en los Apócrifos como el llamado *Protoevangelio de Santiago*, donde se narra la infancia de María, y que era ya conocido en las comunidades cristianas dado que encontramos citas del mismo desde los tiempos de Orígenes. Asimismo, reviste importancia el hecho de que la propia María es concebida milagrosamente por Santa Ana quien, antes de la acción divina, era estéril: "siendo estéril, voy a concebir en mi seno [*he' áteknos en gastrì lépsomai*]" (*Protoevangelio de Santiago*, In: Vanutelli, IV, 4). Por lo demás, las representaciones de María con su madre Santa Ana y el niño se hallaban expandidas en el tiempo de Leonardo (Nixon, 2005) y, en ese terreno, la *Leyenda dorada* jugó un papel insoslayable respecto de la instalación de Santa Ana en el imaginario de la cultura popular (Voragine, 2004).

De hecho, que el cuadro haga comparecer como personaje a la propia Virgen María no debe sólo hacernos pensar en una evocación mariana en sus aspectos más convencionales, puesto que la propia Virgen tiene detrás de sí una larga tradición que hace de ella misma y no sólo de su hijo salvífico, una participante de la Resurrección del mundo. De hecho, cuando el siglo XX evoque la devastación del mundo en *La tierra baldía* de T.S. Eliot, el poeta evocará a la figura imponente de la "*Lady of the Rocks*" (Eliot, *The Waste Land*, 48) que, con impecable erudición y sagacidad, Pablo Ingberg ha identificado como una alusión a un cuadro de Leonardo que resulta un complementario ineludible del que analizamos aquí, *La Virgen de las Rocas*, y que además admite una posible conexión con las concepciones de Walter Pater sobre los personajes femeninos que, como los vampiros, mueren muchas muertes en el secreto conocimiento de la tumba y la finitud superada en la gloria (Eliot, 2022: 133-134).

Sin embargo, la presencia del Cordero resulta un elemento inquietante del mitologema pictográfico aun si su presencia, en distintas formas de la Sagrada Familia, pueden hallarse en obras de maestros entre los que se cuentan desde el precursor y enigmático retablo *La Adoración del Cordero Místico* de Hubert y Jan van Eyck (1432) hasta *La Sagrada Familia con el Cordero* (1507) de Rafael que, desde el punto de vista de las fuentes de este último, deriva directamente de Leonardo. Aunque aquí nos centraremos en el óleo de Da Vinci, no es excluyente que las conclusiones que se extraigan de nuestra pesquisa puedan, asimismo, con las aclimataciones de cada caso, arrojar algo de luz sobre las otras obras mencionadas. En cuanto al fondo paisajístico del cuadro, además de los conocimientos científicos de Leonardo, encontramos, sin duda, un simbolismo religioso, pues con toda probabilidad el árbol que crece en las estériles montañas, da cuenta del milagro de Santa Ana quien, en principio estéril, da a luz milagrosamente a su hija María (Battisti, 1991: 187-208).

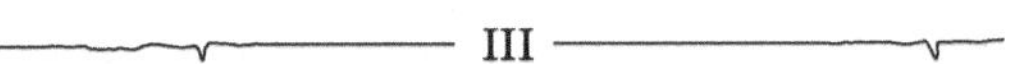

— III —

Las interpretaciones dominantes del cuadro de Leonardo descansan, en última instancia, sobre el testimonio de fray Pietro da Novellara en una carta dirigida a Isabella d'Este el 3 de abril de 1501:

   FABIÁN LUDUEÑA ROMANDINI

…aparece un Niño Jesús de un año de edad que casi se escabulle de los brazos de su madre. Se vuelve hacia un cordero al que parece abrazar. La madre, que se incorpora del regazo de santa Ana, toma al Niño a los fines de separarlo del cordero, animal de sacrificio que simboliza la Pasión. Asimismo, Santa Ana se incorpora y parece querer retener a su hija, para que el Niño no sea distanciado del cordero. Quizá Santa Ana representa a la Iglesia, que no quiere que se impida la Pasión de Cristo. (Beltrami, 1919: 65).

Debemos notar, en este punto, la pereza de la crítica que ha descansado, para la comprensión del dilema inasimilable del Cordero, sobre el testimonio de un erudito *frate*, vicegeneral de la Orden Carmelitana, quien culmina su interpretación con un "quizá" que muchos estudiosos, menos humildes y atentos en sus propósitos, decidieron ignorar para trocar en certeza plena. En efecto, en discordancia con la mayoría de los intérpretes modernos, Ernst Gombrich, aunque sin poder brindar ninguna explicación alternativa para un cuadro que despacha más como ilustración que como alegoría, ha descartado la exégesis de Novellara como una interpretación o bien interesada o bien como fruto de una respuesta por conveniencia recibida por parte de Leonardo que buscaba ocultar la significación auténtica del cuadro (Gombrich, 1985: 16). En cualquier caso, el propio método simbólico de Gombrich encalla con este cuadro de Leonardo en el que no logra siquiera captar y admitir la existencia de un simbolismo que merezca una cuidada exégesis. De hecho, la hermenéutica dogmática ya se puede hallar al despuntar el siglo XX cuando se cristaliza la opinión de Pietro da Novellara y se pudo escribir que "Santa Ana, levantándose parece que quiere retener a su hija para que no separe al niño del corderito [*agnellino*] y así quizá [*forse*] quiere simbolizar a la Iglesia que no querría que se impidiese la Pasión [*Passione*] de Cristo" (Solmi, 1900: 129).

En este punto, la ceguera de los exégetas sobre el cuadro ha colocado la atención sobre las figuras de Santa Ana, su hija y el niño, obliterando la presencia desconcertante del Cordero hasta el punto que el mismísimo Freud, atento a las ocultaciones y simbologías, no repara en absoluto en la importancia del animal Místico a quien, en la estela de Solmi, denomina tiernamente un "corderito [*Lämmchen*]" [Freud, 1996: 427]. Ahora bien, cuando el Cordero ha sido puesto de relieve, no obstante, aún en los más agudos estudiosos se halla siempre alguna variante de la aproximación matricial de Pietro da Novellara como ocurre, por ejemplo, con Martin Kemp en su monumental estudio sobre Leonardo (Kemp, 2007: 206-207).

Una situación homologable ocurre con Daniel Arasse cuando propone comprender la obra del Vinciano como un descenso de la Gracia que "implica la muerte regeneradora de Cristo en la cruz" (Arasse, 1997: 460) puesto que el "corderito" se trata del "animal sacrificial que significa la pasión" (Arasse, 1997: 453). En este sentido, la exégesis de Arasse no hace más que reiterar, en términos indudablemente más sofisticados, la interpretación de Girolamo da Casio, un poeta menor y un arribista político de la Italia renacentista que, en lugar de preocuparse por la auténtica identidad del Cordero, se conformó con asimilarlo al Cristo: "*Ecce agnus Dei disse Giovanni*" (Cavicchi, 1915: 391-392).

Una opinión divergente, no obstante, se expresó en el primer tercio del siglo XX salida de la pluma de Paul Schubring, un erudito aunque hoy casi desconocido historiador del arte. En parte su relegamiento se ha debido, sin duda, a su fatídica adhesión al nacionalsocialismo de Hitler apenas dos años antes de su muerte. En una lúcida obra sobre el Renacimiento italiano, el historiador analiza nuestro cuadro aquí objeto de pesquisa y concluye que la acción de la Virgen no consiste en querer evitar que su hijo sufra la Pasión

   FABIÁN LUDUEÑA ROMANDINI

sino, al contrario, María actúa como una madre que intenta alejar al Mesías del Cordero pues el Niño "lo mortifica" con sus manos mientras todo el conjunto "se satura del misterio de la Inmaculada Concepción" (Schubring, 1926: 20).

De hecho, el único erudito en dudar completamente de la pertinencia de estas interpretaciones ha sido el inconmensurable André Chastel, quien no vaciló en apuntalar la hipótesis de que "quizá ese comentario no responda a un pensamiento expreso de Leonardo, que parece encontrarse más preocupado por una reflexión cósmica y vitalista". Sin embargo, el gran estudioso yerra al considerar que dicha escala cósmica no comporta una meditación "propiamente religiosa" y, por ello, su prestación final sobre el enigma de la obra naufraga en una vaga conclusión donde el sentido de la misma se resuelve en sus "resonancias espirituales y afectivas" (Chastel, 1999: 696).

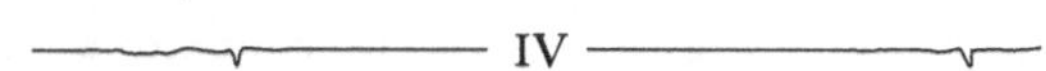

IV

A contrapelo de la tradición precedente, querríamos sostener aquí la hipótesis de que el niño y el Cordero en el cuadro de Leonardo no son dos fases de la vida de Jesús sino dos personajes enteramente diferentes, pero co-pertenecientes. Para poder comprender esta apuesta, es necesario adentrarse en el *Apocalipsis de Juan* en los términos de su composición y su significado. El libro del *Apocalipsis* que, como se sabe, significa "revelación", entra en el canon de la ortodoxia a partir de la trigésimo novena epístola pascual de Atanasio de Alejandría escrita en el año 367 d.C. Esto no debe sugerir una aceptación unánime e inmediata pues resulta de insoslayable relevancia el hecho de que hubo iglesias que rechazaron el texto del *Apocalipsis* por considerarlo del todo extraño al mensaje evangélico.

Es el caso, por ejemplo, de la iglesia de Siria que, a comienzos del siglo V, había excluido al *Apocalipsis* de su propio canon oficial. En efecto, el hecho de que Dionisio de Alejandría hubiese demostrado, hacia el año 250, que el libro no había sido escrito por Juan el apóstol, provocó que la obra fuese a menudo rechazada en Oriente. En efecto, Dionisio no sólo había cuestionado la autoría sino también declarado, no sin perspicacia, que el libro era "ininteligible [*ágnoston*] e ilógico [*asullógiston*], y su título engañoso" (Eusebio, *Historia Eclesiástica*, VII, 25, 1).

Es ciertamente un rasgo característico de la apocalíptica judía el hecho de que el propio apocalipsis, sus plagas y la Jerusalén Celeste daten de tiempos anteriores al pecado humano de Adán y Eva. Puede decirse, entonces, que los elementos del apocalipsis preceden, en el tiempo sacro, la caída que tienen que castigar y redimir siendo un caso flagrante de creación *ex ante* que merece toda nuestra atención. En este punto, el *Apocalipsis de Juan* no hace más que retomar y radicalizar, en un contexto cristiano para el que esta asimilación resulta incómoda y contradictoria de sus postulados, la herencia recibida de la escatología hebraica. El eslabón que permite la transición, podemos hipotetizar, es una similar concepción del tiempo histórico mediado por la destrucción y la salvación (Harnisch, 1969).

En el *Apocalipsis de Baruch*, por ejemplo, se declara que la existencia de la Jerusalén Celeste antecede la Historia humana y por tanto, según la Divinidad, fue "preparada desde el principio cuando concebí hacer el paraíso [*quae hic praeparata fuit ex quo cogitavi facere paradisum*]" (*Apocalipsis de Baruch*, IV, col. 1073). Esta es una tradición judía bien atestiguada, por ejemplo, en los textos de Qumrán (Schmidt, 1969). Por cierto, al final de los tiempos también habrán de revelarse los grandes monstruos marinos que se

   FABIÁN LUDUEÑA ROMANDINI

remontan, de igual modo, a los orígenes de la Creación: "Behemot se manifestará desde su lugar y Leviatán ascenderá desde el mar, los dos grandes cetáceos que creé el quinto día de la creación y que reservé para ese tiempo [*et revelabitur Behemoth ex loco suo et Leviathan ascendet de mari, duo cete magna, que creavi die quinto creationis*]" (*Apocalipsis de Baruch*, XXIX, col. 1114). De esta forma, la catástrofe será total y "toda la tierra devorará a sus habitantes [*devorabit enim omnis terra habitatores suos*]" (*Apocalipsis de Baruch*, LXX, col. 1193).

En cuanto a la figura del Cordero mismo, resulta posible entreverla como animal apocalíptico incluso en tiempos anteriores al cristianismo. En esta dirección, hay quienes piensan que el "toro blanco" de *1 Enoc* 90, 37 y 38 podría haber tenido base en un original hebreo "*tlb*", es decir, "cordero". De igual modo, en el *Testamento de José* (19,8), existe un combate escatológico entre un conjunto de fieras y un cordero que, precisamente, las aniquila bajo sus pies para alegría de los ángeles y de los hombres en un motivo que, originariamente, pertenece a la apocalíptica judía.

— V —

El texto del *Apocalipsis de Juan* presupone, ciertamente, no sólo una visión oracular en el seno de la comunidad eclesiástica primitiva sino también "una compleja creación literaria, densa en significados y alusiones, que debe ser cualitativamente diferente de la oralidad espontánea de la mayoría de las profecías del cristianismo temprano" (Bauckham, 1993a: 4). Se ha discutido ampliamente sobre las posibles estructuras literarias que presenta el *Apocalipsis* (Smith, 1994: 373-393). De hecho, hasta los comentaristas más optimistas que intentan encontrar una estructura precisa en un texto que parece un auténtico compuesto de partes inconexas, dejan entrever su perplejidad ante la figura del Cordero. Es el caso de Richard Bauckham que reconoce el papel representado por la idea de guerra santa en el desarrollo de un Apocalipsis donde los cristianos participan de la gran conflagración contra el mal y son conducidos a la victoria "por su Mesías, el Cordero" (Bauckham, 1993b: XV). Hasta el propio exégeta vacila y, cuando debería identificar al Mesías con Jesús, debe hacerlo con este otro personaje que lo duplica y hasta reemplaza: el insondable Cordero.

Otro dato que no puede soslayarse, como suele hacerse, en una interpretación simbólica que busca precisamente identificar al Cordero con el Mesías —cuando, a todas luces, se trata de dos personajes que deben ser distinguidos como complementarios alternos— subyace en el hecho, remarcado en el *Apocalipsis*, de los asaltos destructivos del Dragón y las Bestias que se abaten sobre la tierra y que ameritan la salvación de 144.000 sellados, vale decir, el nuevo Israel del pueblo mesiánico (*Apocalipsis* 7, 4-5).

A todas luces, estos nuevos elegidos resultan supernumerarios: si el Mesías había venido, en los *Evangelios*, para salvar a toda la humanidad, no haría ahora falta una segunda salvación de una élite mística excepto que la primera Venida del Cristo haya sido, desde el punto de vista teológico, si no anulada, cuando menos atenuada y que el Cordero, más poderoso que el propio Mesías, venga ahora a realizar la auténtica tarea salvífica mediante una guerra total que involucra al conjunto del cosmos en el vórtice de la destrucción redentora de la Creación puesta en abismo.

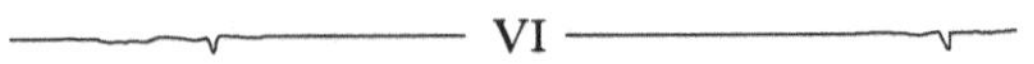

VI

Ciertamente, el *Agnus Dei* como oración en la Misa se utilizó desde el Papa Sergius en el siglo VII (Atkinson – Sachs, 1982:

113-145). Por lo demás, Amalarius, hacia el siglo IX, menciona el hecho de que, en su tiempo, el *Agnus Dei* podía apreciarse en figuras hechas de cera y aceite por el Archidiácono de Roma, bendecidas luego por el Papa y finalmente distribuidas al pueblo en la octava de Pascuas (Fleury, 1704: 344-345).

Cristo como "Cordero de Dios" se hace presente en el cuarto *Evangelio* (1, 29 y 36). Se vislumbran así, una serie de correspondencias alternas: por un lado, el cordero de *Isaías* 53, 7 equivale al que se presenta en *Actas* 8, 32 y es un cordero de sustitución que se coloca en lugar de los pecadores para ir al matadero. Por otro lado, la referencia de *Éxodo* 12 equivale a *1 Pedro* 1, 19 donde el Cordero asume su papel sacrificial en tanto entidad propiciatoria destinada a alejar la maldición. Aunque resulta de interés que el griego del *Evangelio de Juan* y la *Primera Epístola de Pedro*, utilizan siempre el término *amnós* para designar al cordero cristológico mientras que el *Apocalipsis* se reserva el vocablo *arníon* para la designación del animal escatológico, no debe exagerarse la importancia de este hecho dado el parentesco filológico entre ambas variantes y el sentido diminutivo que posee la segunda respecto de la primera.

El arte figurativo referido al Cordero es abandonado en Oriente con el Concilio *in Trullo* del 691 pero sobrevive en Occidente hasta la mencionada obra de los hermanos Van Eyck expuesta en una capilla de la catedral de Gante.  En efecto, el *Apocalipsis de Juan* parece presentar un judaísmo que sólo ha sido levemente cristianizado. A esto se ha sumado que Jesús, no habiendo dado un mensaje apocalíptico, resulta solamente mencionado una vez en el *Apocalipsis de Juan*, hecho que siempre generó dudas sobre la inclusión de la Revelación en el Canon (Hahn, 1971: 357-394).

## VII

La afirmación, contenida en el *Apocalipsis*, según la cual el Cordero "fue sacrificado desde el origen del mundo [*occisus est ab origine mundi*]" o, según la lección griega, más rústica pero enfática, "la vida del Cordero fue inmolada desde el origen del mundo [*tês zoês toû arníou toû esfagménou apò katabolês kósmou*]" (*Apocalipsis* 13, 8), supone una de las grandes preguntas de los misterios cristianos y ha sido insuperablemente planteada por Simone Weil en los siguientes términos: "el Cordero es en cierto modo degollado en el cielo antes de serlo en la tierra. ¿Quién lo degüella?" (Weil, 2006: 350).

La lacerante pregunta que no encuentra respuesta ha hallado su eco en nuestros tiempos pues se ha podido añadir que en ella se implica que "la culpa precede a la existencia". Surge entonces otra pregunta: "¿cómo eliminar la culpa?" (Calasso, 2022: [89]). Tal vez con la sangre del Cordero degollado.

La idea de la ira de Dios suele atribuirse, primordialmente, al Antiguo Testamento. Sin embargo, como se ha reconocido, solamente en el *Apocalipsis* puede enhebrarse una ira de proporciones cósmicas en Dios que no se hallan ni en los *Evangelios* ni en las cartas paulinas (Hanson, 2010). Es más, dicha ira divina se muestra, más que en ningún otro personaje, precisamente en la figura inescrutable del Cordero. Este rasgo resulta paradójico puesto que, de hecho, fue precisamente la mansedumbre del cordero como animal lo que propició, entre otros rasgos, su identificación con un Cristo sufriente en el cristianismo primitivo.

Sin embargo, el Cordero del *Apocalipsis de Juan* se trata de un animal de rasgos completamente distintos puesto que, lejos de la mansedumbre, se presenta como el animal del Ur-sacrificio anterior a toda la Creación y, por consiguiente, fuente tanto de inagotable sufrimiento como de una feroz iracundia que arrasa con el orbe. Esta contraposición entre los dos tipos de corderos juega a favor de una distinción entre ambos a la que, más bien a través de la perplejidad, los cristianos en muchas ocasiones se entregaron a lo largo de los siglos hasta el presente.

Al contrario, son los comentarios al *Apocalipsis* los que, como género específico de fascinación por la escatología como asunción del fin del mundo, generaron una identificación entre el *Agnus Dei* y la figura de Cristo como bien puede apreciarse, por ejemplo, en el *Comentario al Apocalipsis* de Beato de Liébana y los manuscritos iluminados que propició (Consiglieri, 2022: 156-184). Por fuera del restringido ámbito de los apocalípticos cristianos medievales, dicha identificación resultó más bien un objeto problemático y una aporía teológica que nunca pudo remontarse satisfactoriamente.

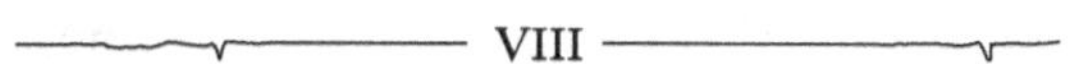

VIII

Un filósofo como Voltaire, metódicamente hostil al cristianismo, tuvo por esta misma razón una aguda percepción de la inadecuación del *Apocalipsis* dentro del propio canon escriturario. Si bien consideraba una "demencia" la idea de una Jerusalén que descendería del cielo, no dejó de hacer una observación que, quizá a pesar suyo, tiene una honda connotación teológico-política pues no dejó de notar que los tonos de guerra total cosmológica propios del *Apocalipsis* son los responsables de que, en la historia de la Humanidad, "la mitad de la tierra haya sido devastada [*ravagée*]" (Voltaire, 1886: 244).

El diagnóstico de Voltaire resulta, en este ámbito, el más perspicaz, pues ha percibido que la teología política cristiana no descansa, como suele creerse, tanto sobre los dogmas evangélicos como sobre la tela de fondo del *Apocalipsis de Juan* en tanto testamento que ha sido transmitido a los pueblos de la tierra. Sin embargo, comete el filósofo una preterición, esto es, la de nuestro tiempo contemporáneo. Voltaire no saca todas las consecuencias de su razonamiento y prueba de ello es que ubica las iniquidades apocalípticas en el pasado y aspira, con claro optimismo, a una superación del cristianismo sin darse cuenta ni de las fuentes que sostienen el razonamiento apocalíptico ni mucho menos del hecho de que la secularización, en su propio tiempo histórico, lejos de haber alcanzado su ápice se hallaba, por el contrario, todavía en un estado altamente embrionario.

Una paradoja extrema de la teología política toma forma una vez que se considera la tesis fundamental que rige al *Apocalipsis de Juan* y, junto con él, a todo el género apocalíptico judeo-cristiano en sus diferentes ramificaciones y estilos. Dios ha producido, antes de la Creación del mundo, todos los elementos de su futura destrucción (calamidades que ya están pensadas *avant la lettre*, monstruos que vendrán a priori en razón de las culpas que todavía no se cometieron) y los agentes de la venidera guerra soteriológica como el Cordero Místico o la propiciatoria Jerusalén Celeste. La implicación se impone: Dios decide crear un mundo para cuya catastrófica aniquilación ha creado todos los elementos necesarios previamente a que dicho mundo existiera. Consecuentemente, toda la Creación es la de un mundo falso (vale decir, un mundo que, creacionalmente, es puro simulacro y fantasmagoría materializada) pues el auténtico hábitat planetario sólo habrá de llegar con la Jerusalén Celeste.

Y no sólo eso: se trata de un mundo que no puede ser hogar para la Humanidad pues esta, en su gran mayoría (con la excepción de unos poquísimos elegidos) está destinada a la extinción. Podemos sopesar entonces que el legado último de la teología política no consiste en el *Evangelio* y su mesianismo, así como tampoco en las epístolas jurídico-administrativas de Pablo que, secularizadas,

   FABIÁN LUDUEÑA ROMANDINI

serán las bases de un poder de gobierno del mundo. La herencia última del cristianismo se encuentra en su apocalíptica que asegura la existencia de una culpa en la Humanidad incluso antes de que esta fuera creada y que insiste en la destrucción de un mundo que Dios todavía no había creado condenando, de esta manera, a priori a los seres hablantes aun antes del pecado.

En ese contexto, nuestro presente geopolítico coincide, punto por punto, con el tiempo de la apocalíptica cristiana secularizada, donde la guerra civil mundial perpetua, la extinción de la especie humana y la destrucción del orbe están a la orden del día. La Jerusalén Celeste, nuevo orden supracosmológico, es el vórtice que nunca llegará, pues finalmente el Cordero, que debería ser la figura salvífica, no deja de sangrar desde el inicio de los tiempos. Toda redención está condenada a priori en la apocalíptica. Sólo la sangre y la devastación son el destino que espera a los seres hablantes. No cabe duda, en este sentido, que el mundo contemporáneo ha aceptado ese destino como propio y, de esa forma, la época actual se corresponde, sin atenuantes, con el *eschaton* de un apocalipsis sin redención.

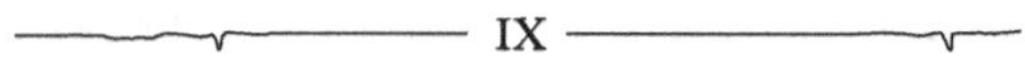

IX

Entre los raros teólogos que le han otorgado una relevancia inextricable al *Apocalipsis de Juan* como texto constitutivo del *kerigma* y de la misión salvífica de la Iglesia, se encuentra el eminente Erik Peterson. De acuerdo con el teólogo, la encarnación, muerte y resurrección de Cristo se realizó en el secreto y casi como un rito mistérico. Por lo tanto, el *Apocalipsis de Juan* se torna necesario para que la *parusía* de Cristo pueda manifestar, definitivamente, su carácter público (*Öffentlichkeit*). De esta forma, el evangelio secreto encuentra su contrapartida en la publicidad de la dominación de Cristo. Esta situación conlleva, precisamente, a la revelación de Jesucristo en la gloria escatológica que coincide plenamente, entonces, con la apocalíptica que anuncia un final de la historia y presupone, por tanto, una publicidad completamente análoga a la publicidad política (Peterson, 2004: 26). En efecto, la Jerusalén Celeste "es una metrópolis cultural, religiosa y política que, según la Iglesia primitiva, no se encuentra ya en la tierra sino en el cielo" (Björk, 2018: 332).

Ahora bien, nuestro recorrido difiere significativamente de los postulados de Peterson. En primer lugar, porque no consideramos que el mensaje evangélico sea compatible con el núcleo del *Apocalipisis* sino que, más bien, avanzamos la hipótesis de una convergencia, tan insondable como imposible de armonizar, entre dos opuestos. Y nada autoriza a realizar la curiosa extrapolación que, según Peterson, haría de Jesucristo el sujeto que manifiesta su publicidad política en el *Apocalipsis de Juan* como un acto de rebelión contra el poder romano. Al contrario, Jesucristo está, salvo alguna mención marginal por fuera del núcleo central del texto, completamente evaporado del susodicho apocalipsis. En su lugar aparece el Cordero, el cual, a ojos vista, no puede ser identificado con el Mesías pues se trata de una figura apocalíptica que proviene de una tradición muy antigua y previa al cristianismo. En ese sentido, una vez que se desanuda la incorrecta identificación del Cristo con el Cordero del *Apocalipsis de Juan*, las dos figuras aparecen según su propio espesor y, en cierta forma, como personajes diferenciados en la forma de concebir los tiempos del fin. Marginado en el cristianismo de los primeros tiempos, el Cordero Místico del *Apocalipsis de Juan* irá convirtiéndose, con el correr de pocos siglos, en el principal antagonista de la función salvífica mesiánica para disputarle al Cristo su función redentora.

                    FABIÁN LUDUEÑA ROMANDINI

Como hemos podido ver, el propósito de Leonardo es distinto al de otros pintores que han presentado el Cordero de manera harto diferente. Es el caso, por ejemplo, del *San Juan Bautista* de Tiziano, hoy situado en la *Gallerie dell'Accademia* de Venecia (circa 1542) y en el cual, junto a Juan, se presenta un cordero. En este caso, se trata sin lugar a dudas del otro cordero, el sacrificial de la Pascua y que reporta la mansedumbre del Cristo sufriente y redentor. La presencia diferencial y expresivamente dominante de San Juan el Bautista en el cuadro de Tiziano confirma que el otro personaje animal prefigura al Cristo por venir. Sin embargo, en el caso de Leonardo, y lo mismo sucede con los hermanos Van Eyck y con Durero, no nos hallamos ante la presencia del Cordero Pascual sino del Cordero Místico del *Apocalipsis* que no deben identificarse como un mismo mitema. De hecho, la economía del principio iconográfico seguido por Leonardo impide, estructuralmente, la reduplicación de las figuras. La presencia del Mesías niño en el cuadro del Vinciano no se duplica en el animal sino que, al contrario, este último representa un personaje diferente, según hemos intentado demostrarlo, bajo la forma del Cordero Místico del *Apocalipsis*.

Por su parte, Carl Schmitt reconoce la cercanía que, a través del *Leviathan* de Thomas Hobbes, es posible detectar entre el Estado moderno y la apocalíptica en formas esenciales que, históricamente, obedecen a un ligamen esotérico más profundo. Así, Schmitt era consciente del hecho de que, a través de Hobbes, los animales apocalípticos de la revelación de San Juan son un elemento indispensable de la constitución de los poderes estatales que gobiernan el orbe. De este modo, Schmitt recuerda que en el mismo año de la aparición del *Leviathan* de Hobbes (1651), Philippe Codurc publicó en París una traducción latina del *Libro de Job* con escolios donde se habla del

*Apocalipsis* y del "antiguo Dragón Python [*alten Drachen Python*]" (Schmitt, 1982: 38). Es decir que, más allá del propio *Leviathan*, la apocalíptica define un espesor político en Occidente que luego el jurista alemán deja sin desarrollar para el caso de Hobbes.

Sin embargo, queda evidenciado el lazo teórico inextricable entre los *arcana* de las teorías de los órdenes constituidos y la apocalíptica en una herencia que toca y modela, esotéricamente, los contornos del Estado Moderno y su disolución en los abismos de la guerra civil mundial que caracteriza al Eón presente. De hecho, sabemos que los conceptos que rodean la noción de "Juicio Final" dominan hoy la política contemporánea bajo la categoría teológica secularizada de "crisis" (Koselleck, 1992: 617-650) en sus diversas declinaciones económicas, jurídicas, epidemiológicas y bélicas.

Como hemos visto, la teología política es indispensable para el desciframiento de un cuadro de Leonardo como el *Salvator Mundi*. Sin embargo, para *Santa Ana, la Virgen y el Niño* la teología política cede su supremacía exegética a la apocalíptica que, en este caso, resulta la clave de comprensión del cuadro del Vinciano. De esta forma, la captación de Leonardo de los misterios del cristianismo resulta de una asombrosa sutileza pues no cae en la trampa de privilegiar únicamente la teología política del Dios soberano sino que evidencia su profunda convicción de que, en última instancia, la política del cristianismo y su secularización moderna, están determinadas por el destino de un texto inclasificable y una tradición secular que el *Apocalipsis de Juan* nos muestra por medio de la figura, tan antigua como asombrosa, del Cordero Místico. Visto desde esta perspectiva, podemos afirmar sin vacilaciones que el Cordero es la cifra política oculta de nuestro tiempo, vale decir, la clave que rige secretamente la Era de los Póstumos.

　　FABIÁN LUDUEÑA ROMANDINI

X

En el *Apocalipsis de Juan*, así como en toda la tradición de la cual este abreva, los dioses vuelven a ser animales (el Cordero) u objetos (la piedra en el trono divino). Es posible, en medio de la extrañeza de procedimiento propia de esos textos, extraer algunas observaciones pertinentes para el esclarecimiento de estas metamorfosis. Cabe advertir en ese camino, que el enigmático personaje que se esconde tenazmente bajo el seudónimo de Dionisio Areopagita, probablemente un iniciado en la filosofía de Proclo que se convirtió al cristianismo bajo una forma altamente heterodoxa pero que gozó de la aceptación dogmática durante el Medioevo y la Modernidad, es quien más ha manifestado una sensibilidad por este aspecto de la apocalíptica. Ciertamente, si en el campo de lo filológico el autor del *Apocalipsis* y el Pseudo-Dionisio resultan incomparables dadas las destrezas lingüísticas de este último de las que carecía el primero, no obstante, el fervor conceptual y el ardor cosmo-político de ambos exponentes tienen un innegable parentesco de familia. Probablemente debido este punto, el Pseudo-Dionisio señala que la utilización de objetos como las piedras policromáticas responden mejor que ningún otro elemento, a la escenificación de las esencias celestiales de las Potencias de la Tearquia supramundana (Pseudo-Dionisio Areopagita, *De Coelesti Hierarchia*, XV, 7).

Aun si este señalamiento se torna particularmente iluminador respecto de los seres abióticos minerales que se hallan en el *Apocalipsis de Juan*, no resulta cierto, por las enormes inconsistencias que están presentes en el texto y, sobre todo, por la clara herencia pre-cristiana del Cordero Místico, que el Mesías y el Cordero se correspondan con una mismidad figurativa o conceptual. Al contrario, ambas figuras son el signo que marca un diferencial irreconciliable entre los dos personajes que, si bien están correlacionados, presentan identidades contrapuestas. De hecho, esta distinción de dos personajes diferenciados entre el Mesías y el Cordero ha creado un hiato insuperado para la herencia apocalíptica secularizada que caracteriza todo el pensamiento político y la praxis mundana de la actual globalización planetaria. Con todo, Leonardo tuvo una ambición no exenta de las más sutiles precauciones, esto es, concebir cuáles serían las consecuencias de un escenario donde el Mesías salvara a su antagonista el Cordero y, acaso, hiciera posible una impensada política de la redención.

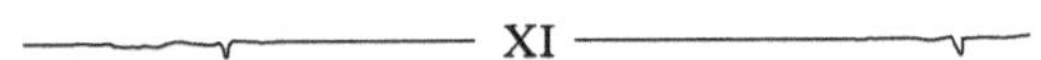

XI

Leonardo podía sopesar los alcances del *Apocalipsis de Juan* porque conocía, sin duda, el milenarismo fraticelli de cuño franciscano, la tradición de Joaquín de Fiore, Savonarola y la propia *Natividad Mística* de Botticelli (Ludueña Romandini, 2006: 355-358). Al mismo tiempo, luego del Cordero Místico de los hermanos Van Eyck, la conciencia existente sobre la especificidad paradójica del Cordero del *Apocalipsis* resultó ineludible para todo pintor y, en consecuencia, es impensable que no lo haya sido también para el propio Leonardo.

Si tomamos en cuenta esta perspectiva, su cuadro refleja una operación ucrónica donde el Apocalipsis es neutralizado y no tiene lugar. Las figuras femeninas simbolizan no lo que sucederá efectivamente sino la utopía mesiánica de que la devastación no tenga lugar. De allí que, con toda sagacidad, y en una línea contraria a las interpretaciones del cuadro que acentúan una supuesta melancolía de los personajes como anticipación del sacrificio de Cristo, Giorgio

Vasari haya podido encontrar en un cartón previo de la imagen a una Santa Ana "llena de alborozo [*colma di letizia*]" al constatar la divinización de su progenie (Vasari, 1986: 555).

Con todo, en el cuadro, el desierto que se halla por detrás amenaza y Leonardo advierte que lo idílico se resquebraja: se trata de una advertencia para el mundo pues Leonardo es consciente de la existencia de los dos personajes diferenciados como el Cordero y el Mesías. El Cordero puede llegar y, con él, el derramamiento de su sangre ilimitada. En ese caso, se desencadenarían las catástrofes apocalípticas como la carbonilla del *Diluvio* que se encuentra en la *Royal Library* del Castillo de Windsor (*RL 12382 r.*) o que ejemplifica Leonardo escribiendo que, en esta conflagración final, la superficie del globo "se consumirá en cenizas y así se producirá el fin de toda la naturaleza terrestre" (*MacCurdy, I, 78*). En este aspecto, resulta ineludible recordar que Leonardo, además de sus aspectos prometeicos, manifestaba asimismo "una aversión espasmódica a la humanidad, a las funciones físicas, a la decadencia, y la tensión entre la crueldad y la bondad extrema" (Gombrich, 1976: 73). Sólo la fuerza de una Humanidad restituida a sí misma y la figura de un Cordero que permanezca en una restaurada mansedumbre indiferente a todo apocalipsis, podría evitar la atronadora catástrofe final.

Leonardo parece concebir, en su cuadro *Santa Ana, la Virgen y el Niño*, al apocalipsis no solamente como una destrucción por venir sino también como la posibilidad de su anulación: un mundo donde la catástrofe es llevada a su punto cero y el Mesías se reconcilia con el Cordero. Asoma así un mundo con un tiempo de armonía restablecida donde el sacrificio perpetuo y sin fin del propio Cordero es a su vez redimido. Esta posibilidad redentora no está excluida de la visión apocalíptica: "se revela en la apocalíptica un saber sobre el carácter crítico del tiempo. El tiempo aparece como corriente que emana de la eternidad de la Creación y que desemboca al final, con una inclinación cambiante, en el mar de la eternidad de la redención" (Taubes, 2010: 57).

El cuadro no señala así ni el pasado de la culpa ni el futuro escatológico de un castigo, así como tampoco un apocalipsis post-mesiánico y aniquilador. Leonardo busca hacer posible, para los tiempos por venir, un estado del mundo donde, por así decirlo, la Humanidad recobre su inocencia junto al Mesías y el Cordero en una suerte de restitución ucrónica, vale decir, una analepsis temporal. Esta eventualidad permitiría que la Humanidad y el Cosmos sufrientes alcancen un estadio en el que puedan ser reparados sin resto. Por eso esa pacificación del *éschaton* que nadie sabe cuándo llegará no puede ser otra que la de una eternidad sin culpa ni sacrificio, una suerte de Paraíso redivivo.

Se trata, en este punto, de un triunfo del mensaje evangélico por sobre las destrucciones apocalípticas del Cordero que, como personaje escatológico, se convierte ahora en una domesticada compañía bajo la protección del propio Mesías. El sacrificio del Mesías sufriente en la Cruz, desde luego, ha tenido históricamente lugar pero ahora, fruto de la *restitutio ad integrum*, Leonardo pinta al Mesías una vez cumplida no sólo su Resurrección sino la salvación del mundo en el *éschaton* ya acontecido. Empero, a pesar de todas estas salvedades, la siempre frágil redención de la Creación en el nuevo Reino post-mesiánico deja entrever la amenaza del Cordero pues su indómita iracundia quizá no pueda nunca ser completamente apaciguada dejando así abierta la perenne aporía que nuestro exhausto tiempo presente no logra conjurar.

     FABIÁN LUDUEÑA ROMANDINI

## XII

Sostenemos que el motivo teológico-político del Cordero del *Apocalipsis de Juan* y toda su mitopóiesis circundante encierran la cifra esotérica última del sentido de la secularización de la Modernidad bajo las formas de su laicismo impregnado, en realidad, de remanentes teológicos que han pasado inadvertidos como tales. El presente ciclo histórico de la Humanidad se halla, en otras palabras, bajo la égida profética del Cordero Místico. Aceptada esa premisa, puede decirse que a través de este cuadro Leonardo guarda un lugar de privilegio entre los pintores que reflexionaron sobre el sentido y pertinencia de la imagen del Cordero como legado político del Occidente moderno.

No debemos olvidar, en esa constatación, que el culto del carnero divino pertenece a la más remota antigüedad. En la isla de Elefantina, los egipcios le habían instituido un santuario. Allí los carneros, que asimismo resultaban momificados en las necrópolis, eran considerados encarnaciones del dios Khnum, "Señor de las Aguas Oscuras". En Karnak, los carneros-esfinges eran considerados representación del dios Amón-Ra. Griegos y persas cayeron bajo su sortilegio. De hecho, Alejandro Magno se proclamó "hijo de Amon-Râ [*Sohn des Amon-Râ*]" e hizo acuñar monedas en las que su figura aparecía con cuernos de carnero (*Widderhörnern*) según la tradición milenaria (Hopfner, 1914: 91) que ya hemos visto en las obras de Leonardo, en la que las formas animales se asocian estrechamente con la figuración de la soberanía e, incluso, tejen una amalgama entre el poder divino y humano que desdibuja los contornos de las especies para acentuar el poder cósmico que el soberano extrae de la naturaleza. Motivo de culto generador de

Vida, la praxis ritual del carnero no excluía la sexualidad sagrada inter-especies con mujeres en los templos.

El carnero como deidad primordial fue sufriendo, con los siglos, diversas metamorfosis hasta llegar a ganar una sobrevivida (*Nachleben*, como hubiese dicho Aby Warburg) bajo la forma del Cordero, cambiando su valencia sagrada gracias a su inserción en el género apocalíptico que lo transformó en una deidad temible del perpetuo sacrificio sangrante y verdugo de las más temibles bestias escatológicas. En este punto, como Codero triunfante y dominador, los estudiosos no han descartado, incluso, un mestizaje cultural que con las misiones cristianas que se llevaron adelante bajo la denominación de nestorianas habría dejado su huella fundiéndose con las tradiciones asiáticas más antiguas del propio Tíbet (Charbonneau-Lassay, 1975: 170).

Si Leonardo quiso desanudar la potencia destructora del Cordero para apaciguarlo hacia una restitución mesiánica del *Evangelio*, al mismo tiempo que advertía sobre su inquietante presencia, en el caso de Alberto Durero asistimos a una glorificación sin reservas del Cordero Sangrante (una insoslayable influencia de los hermanos Van Eyck) frente a la multitud de los elegidos que lo exaltan en su grandiosidad destructora y agradecen el privilegio de formar parte del resto que ha sido salvado de la aniquilación planetaria.

El Cordero Místico, progenie inversa del Carnero, se sitúa, topológicamente, en el epicentro del sismo que sacude el orden civilizatorio contemporáneo y, visto desde esa perspectiva, actúa como una auténtica profecía de los tiempos que estamos atravesando con eversiones tecno-bélicas sin precedentes. De hecho, Hannah Arendt había advertido oportunamente que "vivimos una especie de guerra civil que arrasa toda la tierra [*a kind of civil war raging all over the earth*]" (Arendt, 1990: 17) como consecuencia, entre

   FABIÁN LUDUEÑA ROMANDINI

otros factores, del desatamiento de las amarras que contenían la destrucción nuclear hoy más cercana que nunca en su amenaza de aniquilación sin concesiones.

Un diagnóstico reforzado por el jurista Carl Schmitt quien, a su turno, también señaló que la transformación de la destrucción planetaria es abstracta y absoluta, como hoy la vivimos fruto de las mutaciones geopolíticas surgidas a partir del gran ciclo que se abrió en 1914 y que, desde esa perspectiva, no ha concluido jamás, habiendo llevado a la humanidad a entrar, sin reparos, en una "guerra civil mundial [*Weltbürgerkrieg*]" llamada a configurar un nuevo *nómos* de la Tierra (Schmitt, 2017: 96).

De esta forma, nuestro Eón presente, de guerra civil mundial, devastación y desasosiego planetario está presidido por la herencia sin beneficio de inventario de las potencias de la apocalíptica en cuyo centro emblemático está el Cordero Místico y cuya morfología de guerra total y enemistad absoluta e irreconciliable ha forjado la matriz político-económica del inconsciente bélico de todo el globo. La despotenciación de su figura, así como la evacuación del espesor apocalíptico que rige, de un modo u otro, toda la política del orbe moderno, requerirá que la Humanidad se mida, en todas sus consecuencias, con ese legado inaudito si pretende que el futuro no sea únicamente la tribulación, la muerte y la promesa de un brillante cuanto inhabitable mundo tecno-litúrgico de la *Artificial Intelligence* (sucedánea de la Jerusalén Celeste) cuyo emplazamiento podría resultar en el socavamiento de todo lo existente.

Con todo, no basta para lograr tal despotenciación, con el abandono del "tono apocalíptico" de los discursos de nuestro tiempo para adoptar una desmitificación o una deconstrucción de la propia apocalíptica como archi-huella de la "estructura apocalíptica del lenguaje [*structure apocalyptique du langage*]" (Derrida, 2005: 78), vale decir, la autopresentación de la escritura y la voz como los rastros de toda escritura metafísica de la presencia. La insuficiencia deriva, en este camino, precisamente de la conservación de las propiedades que han hecho de la escritura y de la voz los fundamentos de toda filosofía haciendo que la desmitificación del apocalipsis sea ya una transferencia de apocalipsis o un "apocalipsis sin apocalipsis" (Derrida, 2005: 97). Esto desencadena una tarea ciertamente infinita para una nueva razón iluminista debido a las "sobre-determinaciones" y a las "in-determinaciones de las estratagemas apocalípticas" (Derrida, 2005: 82).

Creemos, a diferencia de la experiencia deconstructiva del apocalipsis, que es necesario plantearse, como ha hecho el propio Leonardo en su cuadro, la posibilidad de llevar al propio apocalipsis a encontrar su grado cero y dar lugar a una filosofía como imagología que, situándose más allá de la escritura y la voz como centros del filosofar, abra las puertas de una geografía enteramente inexplorada. Si la gramática político-económica y social de los tiempos Modernos ha estado determinada, de manera implacable, por la apocalíptica, se requerirá no sólo la surgencia de un vocabulario hasta ahora impensado para lo que solíamos designar bajo aquella rúbrica de nombres sino, primordialmente, una nueva experiencia del mundo y de un *Lógos* que pueda transformarse en post-locucionario. De esta manera, podríamos asistir a la habilitación de una post-metafísica para la cual el materialismo de Leonardo puede constituir el primer eslabón insoslayable de una fulgurante *philosophia imaginalis*.

# Post Scriptum.

## "Ahora vemos en un espejo…"

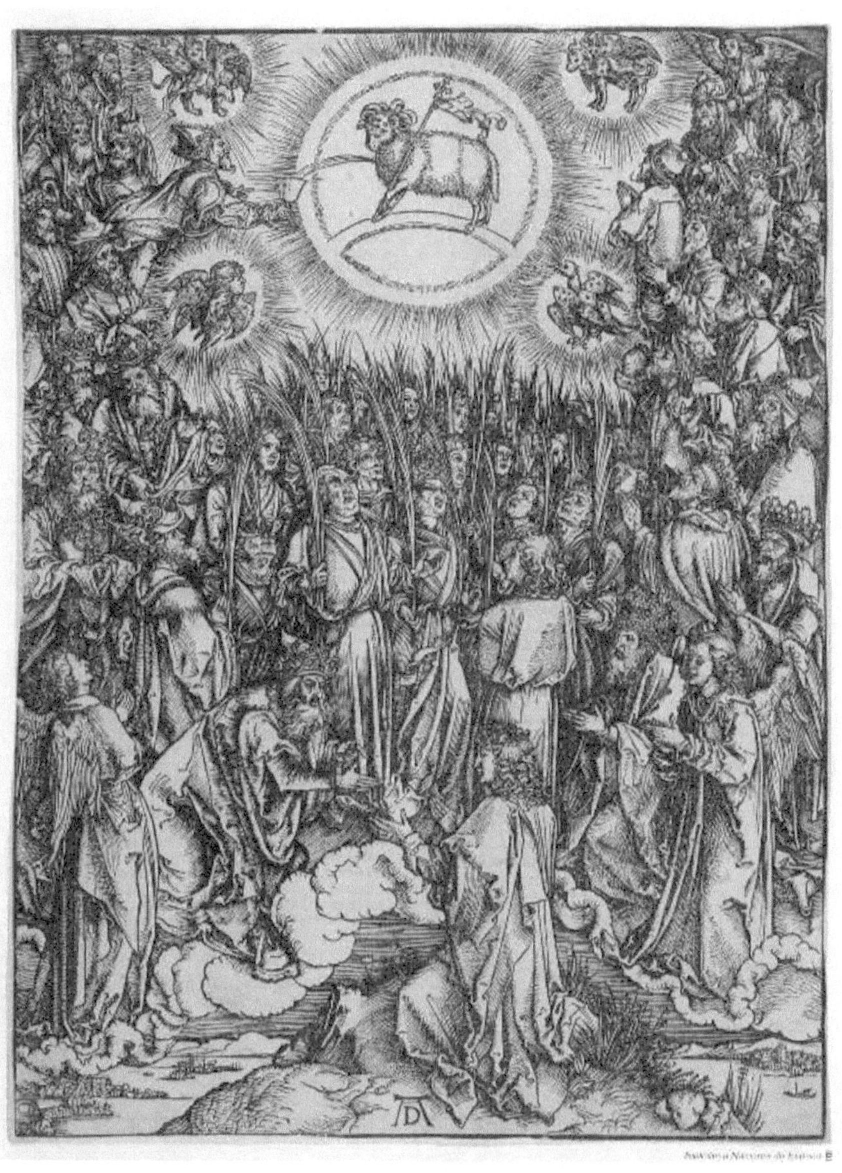

Xilografía del Cordero Místico del *Apocalipsis*, ▲
Alberto Durero, 1511.

El acotolado crepúsculo epocal gris e informe que tanto aterraba a Max Scheler ya no es una amenaza sino que, al contrario, su advenimiento marca el signo histórico del tiempo presente. De hecho, resulta hoy en día una evidencia incontrovertible que el mundo, tal y como fue conocido por la Humanidad desde sus inicios, se ha resquebrajado por completo y languidece. En todos los rincones del Orbe se escuchan los estertores de su agonía última: vivimos en la Era de las Ruinas, la cual no es inconcebible que los cronistas del futuro consideren como el fermento de la prehistoria de nuevos e insondables Mitos venideros. Una imbatible mutación tecno-científica así como socio-cultural sin parangón promete cambiar la superficie de la Tierra y a todos sus vivientes por los siglos de los siglos venideros. "Ahora vemos en un espejo, en enigma [*blépomen gàr arti di' esóptrou en ainígmati*]" (Pablo de Tarso, *1 Corintios* 13, 12). De este modo cobra pleno sentido la escritura en espejo de Leonardo como un fenómeno completamente epocal: el de un filósofo que asumió, como ningún otro, la espesura del Tiempo y legó su obra para un porvenir que sólo podemos conjeturar pero que aún no se puede hallar en el horizonte de lo posible pues no sabemos cuándo el enigma será transpuesto hacia el alba de un nuevo Eón fulgurante. Los peligros, no obstante, abundan en la misma medida y dimensión que las transformaciones en curso. Quizá por ello, cuando el proceso estaba todavía en ciernes hacia finales de los años sesenta del siglo pasado, las capacidades visionarias de Hannah Arendt le permitieron presagiar que la esperanza es pequeña "pero es la única que tenemos de que la libertad [*freedom*] en un sentido político no desaparezca de nuevo de la faz de la tierra [*will not vanish again from the earth*] sabe Dios por cuántos siglos" (Arendt, 2017: 69). El todavía hoy inimaginable día en que esa libertad reemerja con todo vigor en este mundo o el que fuere que los seres hablantes habiten ulteriormente, la filosofía de Leonardo experimentará un nuevo comienzo para cumplir, en plenitud, su misión histórica. Hasta entonces su obra yace a la vista de todos y, en igual medida, opaca para todos pues no está dado todavía el tiempo en el que pueda ser no ya comprendida sino vivida y proseguida.

Según era el deseo de Cicerón, la historia todavía puede ser *magistra vitae*. De hecho, podría compararse el período del Renacimiento vivido por Leonardo con nuestro presente. El Quattrocento italiano cobró vida después de una pandemia que asoló a Europa con un encarnizamiento indómito. Ese oleaje cultural completamente inesperado significó la liquidación acelerada de una civilización milenaria precedente, la medieval, junto con su modo de organización económico-social, su cultura y sus pilares religiosos. Las innovadoras capacidades técnicas crearon un mundo que, por primera vez, podía empezar a soñarse auténticamente global con la anexión de América como el primer ejemplo del nuevo *nómos* de la tierra de cuño occidental. A pesar de ello, las similitudes con nuestro mundo contemporáneo, sin duda atendibles, esconden apariencias que pueden ser portadoras de una ilusión. A diferencia del Quattrocento, el mundo salido de la pandemia actual no sólo pretende liquidar una civilización precedente sino cambiar, de cabo a rabo, todos ejes antropotécnicos sobre los que se basó la vida de *Homo* sobre la superficie de la Tierra desde el Paleolítico. Nuestro tiempo no busca potenciar las capacidades humanas sino, al contrario, dic-

   FABIÁN LUDUEÑA ROMANDINI

tar su obsolescencia en nombre de una entidad sintiente de orden superior conocida como *Artificial Intelligence*. No existe entonces una posible exaltación de los logros de los seres hablantes no sólo porque estos últimos tienen mucho de lo cual avergonzarse en su historia reciente sino, más bien, porque se pretende manipular la estructura biológica de todos los vivientes en Gaia. En suma, las similitudes de superficie entre el Quattrocento y nuestro mundo, encubren diferencias sustantivas que tornan incongruente casi toda equivalencia histórica. En la encrucijada de ambos mundos se halla Leonardo da Vinci. Su excepcionalidad histórica radica en que logró situarse, hasta cierto punto, en una escala extra-temporal: propulsor del Renacimiento, logró pensarlo hasta un punto que resultó incomprensible para sus propios contemporáneos. No habló ni para su tiempo ni para el nuestro sino para un porvenir que, si la Sexta Extinción no se impone primero, quizá pueda ver la luz. Para ese tiempo incierto creó una filosofía que, en sus primeros principios, podría servir de punto de partida para una nueva civilización que otorgue al mundo, nuevamente, un carácter grávido de fuerzas que hoy parecen irremediablemente perdidas.

# Bibliografía

NOTA: A continuación se aducen únicamente las obras efectivamente citadas a lo largo del libro. Las traducciones pertenecen al autor salvo en los casos en los que una edición castellana es explícitamente mencionada. Aun así, algunas veces las traducciones utilizadas pueden verse modificadas en adhesión a los originales. La sigla BK remite siempre a la edición de Burucúa – Kwiatkowski de los escritos de Leonardo. En cuanto al *corpus* pictórico y gráfico de Leonardo, hemos tomado como referencia, aunque no exclusivamente, la magnífica edición de Frank Zöllner y Johannes Nathan.

Alano de Lille.
*Anticlaudianus, sive de officio viri boni et perfecti libri IX*. In: Migne, Jean Jacques. *Patrologia Latina*. Volumen 210. Paris: Excudebat Migne: 1844-1855: cols.482-576.

Alighieri, Dante.
*Divina Commedia*. Introducción de Italo Borzi. Comentario al cuidado de Giovanni Fallani y Silvio Zennaro. Roma: Grande Tascabili, 2010.

Antoine, Jean-Philippe.
"Les *Vies* de Vasari, l'histoire de l'art et la 'science sans nom' de cas". In: Passeron, Jean-Claude – Revel, Jacques (editores). *Penser par cas*. Paris: Éditions de l'École des Hautes Études en Sciences Sociales, 2005: 171-199.

Antonio de Rosellis.
*Monarchia sive Tractatus de potestate Imperatoris et Papae*. In: Goldast, Melchior (editor). *Monarchia S. Romani Imperii*. Tomus I. Graz: Akademische Druck- und Verlagsanstalt, 1960.

Apocalipsis de Baruch.
*Liber Apocalypseos Baruch Filii Neriae Translatus de Graeco in Syriacum.* In:
*Patrologia Syriaca. Pars Prima. Tomus Secundus.* Edición de Michael Kmosko.
Parisiis: Ediderunt Firmin-Didot et socii, 1907: cols. 1056-1207.

Apolodoro.
*Bibliothèque.* Edición comentada de Jean-Claude Carrière. Besançon: Université
de Franche-Comté, 1991.

Arasse, Daniel.
*Léonard de Vinci: le rythme du monde.* Paris: Hazan, 1997.

Arendt, Hannah.
"The Freedom to Be Free". *The New England Review.* Volume 38, number 2,
2017: 56-69.

Arendt, Hannah.
*On Revolution.* London: Penguin Books, 1990.

Aristófanes.
*Comédies. Tome III: Les Oiseaux – Lysistrata.* Edición de Victor Coulon, Jean Irigoin
e Hilaire Van Daele. Paris: Les Belles Lettres, 2009.

Aristóteles.
*De interpretatione.* Edición de Hermann Weidemann. Berlin: Walter de Gruyter,
2014.

Aristóteles.
*De l'âme.* Edición de Antonio Jannone – Edmond Barbotin. Paris: Les Belles
Lettres, 1966.

Aristóteles.
*Ethica Nicomachea.* Edición de Ingram Bywater. Oxford: Oxford University
Press, 1920.

Asti Vera, Armando.
*Fundamentos de Filosofía de la Ciencia.* Buenos Aires: Nova, 1967.

Atkinson, Charles – Sachs, Klaus-Jürgen.
"Zur Entstehung und Überlieferung der 'Missa graeca'". *Archiv für Musikwissenschaft.*
39. Jahrg., H. 2., 1982: 113-145.

Bachelard, Gaston.
*L'eau et les rêves. Essai sur l'imagination de la matière.* Paris: Librairie José Corti, 1942.

     FABIÁN LUDUEÑA ROMANDINI

Baltrušaitis, Jurgis.
*Le Moyen Âge fantastique: antiquités et exotismes dans l'art gothique.* Paris: Flammarion, 1999 (1955ª).

Baltrušaitis, Jurgis.
*Le miroir. Révélations, science-fiction et fallacies. Essai sur une légende scientifique.* Paris: A. Elmayan – Le Seuil, 1978.

Barthes, Roland.
*Le Neutre. Notes de cours au Collège de France 1977-1978.* Texto establecido, anotado y presentado por Thomas Clerc bajo la dirección de Éric Marty. Paris: Seuil / IMEC, 2002(a).

Barthes, Roland.
*L'empire des signes.* Paris: Éditions du Seuil, 2002(b).

Battisti, Eugenio.
"Origini religiose del paesaggio veneto". In: *Id. Iconologia ed ecologia del giardino e del paesaggio.* Edición de Giuseppa Saccaro Del Buffa. Firenze: Olschki, 2004: 187-208.

Bauckham, Richard.
*The Theology of the Book of Revelation.* Cambridge: Cambridge University Press, 1993a.

Bauckham, Richard.
*The Climax of Prophecy: Studies on the Book of Revelation.* London – New York: T & T Clark International, 1993b.

Baxandall, Michael.
*Painting and Experience in Fifteenth Century Italy. A Primer in the Social History of Pictorial Style.* Oxford: Oxford University Press, 1974.

Baxandall, Michael.
*Giotto and the Orators. Humanist Observers of Painting in Italy and the Discovery of Pictorial Composition, 1350-1450.* Oxford: Clarendon Press, 1970.

Bayer, Raymond.
*Léonard de Vinci. La Grâce.* Paris: Librairie Félix Alcan, 1933.

Bellincioni, Bernardo.
*Le Rime.* Edición de Pietro Fanfani. Bologna: Gaetano Romagnoli, 1876.

Beltrami, Luca.
*Documenti e memorie riguardanti la vita e le opere di Leonardo da Vinci,* Milano: Fratelli Treves, Editori, 1919.

Benko, Stephen.
"The Libertine Gnostic Sect of the Phibionites According to Epiphanius". *Vigiliae Christianae*. Volumen 21, número 2, 1967: 103-119.

Berl, Emmanuel.
"Le secret du philosophe". In: Brion, Marcel. *Léonard de Vinci*. Paris: Hachette, 1959: 139-163.

Bickermann, Elias.
"Die römische Kaiserapotheose". *Archiv für Religionswissenschaft* 27, 1929: 1-31.

Björk, Märten.
*Life outside life. The Politics of Immortality, 1914-1945*. Göteborg: Göterborgs Universitet, 2018.

Bogdani, Pjetër.
*Cuneus prophetarum de Christo salvatore mundi et eius evangelica veritate*. 2 volúmenes. Patavii: Ex typographia seminarii, 1685.

Böhme, Joachim.
*Die Seele und das Ich im homerischen Epos, mit einem Anhang, Vergleich mit dem Glauben der Primitiven*. Leipzig – Berlin: Teubner, 1929.

Borisonik, Hernán.
*Persistencia de la pregunta por el arte*. Buenos Aires: Miño y Dávila Editores, 2022.

Bratcher, Robert.
"The Meaning of *Sarx* ('Flesh') in Paul's Letters". *The Bible Translator*, 29, 1978: 212-218.

Brion, Marcel.
*Léonard de Vinci*. Paris. Albin Michel, 1952.

Burckhardt, Jacob.
*Die Kultur der Renaissance in Italien*. Wien: Phaidon-Verlag 1930.

Burucúa, José Emilio – Kwiatkowski Nicolás.
"Aby Warburg, historiador del arte y científico de la cultura" In: Burucúa, José Emilio. *Ninfas, serpientes, constelaciones: la teoría artística de Aby Warburg*. Buenos Aires: Museo Nacional de Bellas Artes, Ministerio de Educación, Cultura, Ciencia y Tecnología, Secretaría de Gobierno de Cultura, 2019.

Burucúa, José Emilio – Kwiatkowski, Nicolás.
"Dos nuevos Leonardos y una batalla que siempre estuvo allí". *Tarea. Anuario del Instituto de Investigaciones sobre el Patrimonio Cultural*. Universidad Nacional de San Martín. Año 1, 2014: 171-175.

Calasso, Roberto.
*Sotto gli occhi dell'agnello.* Milano: Adelphi Edizioni, 2022.

Carmignac, Jean.
"Qu'est-ce que l'apocalyptique? Son emploi à Qumrân". *Revue de Qumrân.* Volumen 10. Número 1. 1979: 3-33.

Cassirer, Ernst.
*Individuum und Kosmos in der Philosophie der Renaissance (Studien der Bibliothek Warburg, 10, Band 10).* Wiesbaden: Springer Fachmedien, 1927.

Castellán, Ángel.
"Variaciones en torno a la Cosmo-Antropología del Humanismo". *Anales de Historia Antigua y Medieval.* Facultad de Filosofía y Letras de la Universidad de Buenos Aires, Volumen 15, 1970: 7-108.

Cavicchi, Filippo.
"Girolamo da Casio". *Giornale storico della letteratura italiana.* Volumen LXVI, 1915: 391-392.

Charbonneau-Lassay, Louis.
*Le Bestiaire du Christ. La mystérieuse emblématique de Jésus-Christ.* Milano: Archè, 1975.

Charles, Robert Henry (editor).
*The Greek Versions of the Testaments of the Twelve Patriarchs. Edited from Nine Mss., together with the Variants of the Armenian and Slavonic Versions and Some Hebrew Fragments.* Eugene (Oregon): Wipe & Stock, 2008.

Chastel, André.
*Renaissance italienne, 1460-1500.* Comentarios iconográficos de Christiane Lorgues y de Marie-Geneviève de La Coste-Messelière con la colaboración de Cécile Maisonneuve. Coordinación científica de Gennaro Toscano. Paris: Gallimard, 1999.

Chastel, André.
*Marsile Ficin et l'art.* Genève: Droz, 1996.

Chastel, André.
*Art et Humanisme à Florence au temps de Laurent Le Magnifique. Études sur la Renaissance et l'humanisme platonicien.* Paris: Presses Universitaires de France, 1982.

Christie, Yves.
*Les Grands Portails Romains.* Genève: Droz, 1969.

Cianchi, Marco – Vezzosi Alessandro. *Le Macchine di Leonardo Da Vinci.* Milano: Becocci Editore, 1988.

Claudio Eliano.
*On Animals*. Edición de Alwyn Faber Scholfield. 3 volúmenes. Cambridge, Massachusetts: Harvard University Press, 1958–1959.

Clark, Kenneth.
*Leonardo Da Vinci*. New York: Penguin Books, 1993.

Clark, Kenneth.
*Civilisation. A Personal View*. New York: Harper & Row, 1970.

Coccia, Emanuele.
*Métamorphoses*. Paris: Éditions Payot & Rivages, 2020.

Coccia, Emanuele.
*La vita sensibile*. Bologna: Il Mulino, 2011.

Colli, Giorgio.
*Physis kryptesthai philei. La natura ama nascondersi. Studi sulla filosofia greca*. Edición al cuidado de Enrico Colli. Milano: Adelphi, 1988.

Colli, Giorgio.
*La sapienza greca. Volume III: Eraclito*. Milano: Adelphi, 1980.

Compton-Carleton, Thomas.
*Philosophia universa*. Antverpiae: apud Iacobum Meursium, 1649.

Consiglieri, Nadia Mariana.
*Los animales en los Beatos. Representación, materialidad y retórica visual de su fauna apocalíptica (ca. 900-1248)*. Buenos Aires: Miño y Dávila Editores, 2022.

Croce, Benedetto.
"Leonardo filosofo". In: AAVV. *Leonardo da Vinci. Conferenze fiorentine*. Milano: Fratelli Treves, Editori, 1910: 225-257.

Curley, Michael (editor).
*Physiologus. A Medieval Book of Nature Lore*. Chicago: Chicago University Press, 2009.

Damisch, Hubert.
*L'origine de la perspective*. Paris: Flammarion, 1993.

Dávila, Elsa Clara.
*El cofre de ébano. Cuentos constelados*. Buenos Aires: Miño y Dávila Editores, 2022.

Deleuze, Gilles.
*Le Pli. Leibniz et le Baroque*. Paris: Éditions de Minuit, 1988.

Derrida, Jacques.
*D'un ton apocalyptique adopté naguère en philosophie.* Paris: Galilée, 2005 (1983ª).

Derrida, Jacques.
*Chaque fois unique, la fin du monde.* Paris: Éditions Galilée, 2003.

Derrida, Jacques.
*La vérité en peinture.* Paris: Flammarion, 1978.

Derrida, Jacques.
*De la grammatologie.* Paris: Les Éditions de Minuit, 1967(a).

Derrida, Jacques.
*La voix et le phénomène.* Paris: Presses Universitaires de France, 1967(b).

Didi-Huberman, Georges. *Devant l'image: question posée aux fins d'une histoire de l'art.* Paris: Les Éditions de Minuit, 2008.

Didi-Huberman, Georges.
*Fra Angelico. Dissemblance et Figuration.* Paris: Flammarion, 1995.

Dörrie, Heinrich.
*Hypostasis. Wort- und Bedeutungsgeschichte. Nachrichten von der Akademie der Wissenschaften in Göttingen. Philologisch-Historische Klasse.* Göttingen: Vandenhoeck & Ruprecht, 1955, pp. 35-92.

Duby, Georges.
*Le Temps des cathédrales. L'Art et la société (980-1420).* Paris: Gallimard, 1976.

Duhem, Pierre.
*Le Système du Monde. Histoire des doctrines cosmologiques de Platon à Copernic.* Tomo V. Paris: Librairie Scientifique A. Hermann et Fils, 1917.

Duhem, Pierre.
*Études sur Léonard de Vinci. Ceux qu'il a lus ; ceux qui l'ont lu.* 3 volúmenes. Paris: Librairie scientifique A. Hermann et fils, 1906-1913.

Elenberg, Fernando.
"Leonardo, creador de universos". *Sur. Revista bimestral,* nº 295, julio-agosto, Buenos Aires: Sur, 1965: 96-98.

Eliade, Mircea.
*Mephistopheles et l'androgyne.* Paris: Gallimard, 1995.

Ellis, Havelock.
*Studies in the Psychology of Sex. Volume I: Sexual Inversion.* London – Leipzig: The University Press, 1900.

Eliot, Thomas Stearns.
*La tierra baldía (The Waste Land)*. Edición bilingüe, traducción y notas a cargo de Pablo Ingberg. Buenos Aires: El cuenco de plata, 2022.

Esquilo.
*Tragédies. Tome I: Les Suppliantes – Les Perses – Les Sept contre Thèbes – Prométhée enchaîné*. Edición de Paul Mazon. Paris: Les Belles Lettres, 2019.

Eurípides.
*Tragédies. Tome VII, 1re partie: Iphigénie à Aulis*. Edición de François Jouan. Paris: Les Belles Lettres, 2011.

Eusebio de Cesarea.
*Histoire ecclésiastique. Tome II: Livres V-VII*. Edición de Gustave Bardy. Paris: Les Éditions du Cerf – Sources Chrétiennes, 1955.

Fleury, Claude.
*Histoire Ecclésiastique. Tome Dixième: Depuis l'an 794 jusqu'à l'an 859*. Paris: Pierre Aubouyn Libraire, 1704.

Foucault, Michel.
"Des espaces autres". In: *Id. Dits et Écrits*. Edición de Daniel Defert y Fançois Ewald con la colaboración de Jacques Lagrange. 2 volúmenes. Paris: Gallimard, 2001: volumen I: 1571-1581.

Foucault, Michel.
*Les mots et les choses. Une archéologie des sciences humaines*. Paris: Gallimard, 1966.

Freud, Sigmund.
*Eine Kindheitserinnerung des Leonardo da Vinci*. In: *Id. Gesammelte Werke. Chronologisch Geordnet. Band VIII: Werke aus den Jahren 1909-1913*. Edición de Anna Freud, Edward Bibring, Willi Hoffer, Ernst Kris y Otto Isakower. Frankfurt am Main: S. Fischer Verlag, 1996 (1945ª): 369-454.

Frosini, Fabio.
"Il concetto di forza in Leonardo da Vinci". In: Bernardoni Andrea – Fornari Giuseppe (editores). *Il Codice Arundel di Leonardo: ricerche e prospettive*. Poggio a Caiano: CB Edizioni, 2011: 113–228.

Fumagalli, Giuseppina.
*Eros de Leonardo*. Firenze: Sansoni, 1971.

Fumagalli, Giuseppina.
*Leonardo, omo sanza lettere*. Firenze: Sansoni, 1953.

     FABIÁN LUDUEÑA ROMANDINI

García-Noblejas, Gabriel.
*Mitología de la China antigua.* Madrid: Alianza Editorial, 2007.

Gelli, Agenore (editor).
*Fiore di virtù. Testo di lingua ridotto a corretta lezione.* Firenze: Felice Le Monnier, 1856.

Gentile, Giovanni.
"Leonardo filosofo". *Nueva Antologia.* Roma: a. 54 fasc. 1137, 1919: 232-250.

Ghita, Simion.
"Le sens philosophique de la pensée de Léonard de Vinci". *Revue roumaine des sciences sociales. Série de philosophie et logique.* Bucarest, XXV, nº 3-4, 1981: 357-367.

Gombrich, Ernst.
*New Light on Old Masters.* Oxford: Phaidon Press, 1994.

Gombrich, Ernst.
*Symbolic Images. Studies in the Art of the Renaissance II.* Oxford: Phaidon Press, 1985.

Gombrich, Ernst.
*Art and Illusion. A Study in the Psychology of Pictorial Representation.* Oxford: Phaidon Press, 1977.

Gombrich, Ernst.
*The Heritage of Apelles. Studies in the Art of the Renaissance.* Ithaca, New York: Cornell University Press, 1976.

Grafton, Anthony.
*Leon Battista Alberti. Master Builder of the Italian Renaissance.* Massachusetts: Harvard University Press, 2000.

Greenblatt, Stephen.
*Quattrocento.* Paris: Flammarion 2013.

Gregorio Magno. *Expositiones in Librum primum Regum. In*: Migne, Jean Jacques. *Patrologia Latina.* Volumen 79. Paris: Excudebat Migne: 1844-1855: cols. 17–468.

Hahn, Ferdinand.
"Die Sendschreiben der Johannesapokalypse". *Tradition und Glaube. Das frühe Christentum in seiner Umwelt. Festgabe für Karl Georg Kuhn.* Edición de Gert Jeremias. Göttingen: Vandenhoeck & Ruprecht, 1971: 357 - 394.

Hanson, Anthony Tyrrell.
*The Wrath of the Lamb.* Eugene, OR: Wipf & Stock Publishers, 2010 (1957[a]).

Harnisch, Wolfgang.
*Verhängnis und Veheissung der Geschichte. Untersuchungen zum Zeit- und Geschichtsverständnis im 4 Buch Esra und in der syr. Baruchapokalypse. (Forschungen zur Religion und Literatur des Alten und Neuen Testaments, 97).* Göttingen: Vandenhoek und Ruprecht, 1969.

Heidegger, Martin.
"Die Frage nach der Technik". In: *Id. Vorträge und Aufsätze.* Stuttgart: Klett-Cotta, 2004: 9-40.

Heidegger, Martin. *Der Ursprung des Kunstwerkes (1935/36). In: Id. Holzwege. Gesamtausgabe. 1. Abteilung: veröffentlichte Schriften 1914-1970. Band 5.* Frankfurt am Main: Vittorio Klostermann, 1977: 1-74.

Hesíodo.
*Théogonie – Les Travaux et les Jours – Le Bouclier.* Edición de Paul Mazon. París: Les Belles Lettres, 2014.

Heyse, Elisabeth.
*Hrabanus Maurus Enzyklopädie "De rerum naturis" Untersuchungen zu den Quellen und zur Methode der Kompilation.* Munich: Arbeo-Gesellschaft, 1969.

Hopfner, Theodor.
*Der Tierkult der alten Ägypter nach den griechisch-römischen Berichten und den wichtigeren Denkmälern. Denkschriften Kaiserlichen Akademie der Wissenschaften in Wien, philosophische-historische Klasse. Band 57. 2 Abhandlung.* Wien: Alfred Höller, 1914.

Hugo de Fleury.
*Tractatus de regia et sacerdotali dignitate. In: Stephani Baluzii Miscellaneorum liber quartus hoc est collectio veterum monumentorum quae hactenus latuerant in variis codicibus ac bibliothecis.* Paris: excudebat Franciscus Muguet ,1683: 9-68.

Jaspers, Karl.
*Lionardo als Philosoph.* Bern: Francke Verlag, 1953.

Juan de París.
*Tractatus de regia potestate et papali. In: Schard, Simon. De iurisdictione, autoritate et praeeminentia imperiali, ac potestate ecclesiastica deque Juribus regni et Imperii variorum Authorum: qui ante haec tempora vixerunt scripta: collecta, et redacta in unum.* Basileae: Johannis Oporini, 1566: 142-224.

Kantorowicz, Ernst.
"The sovereignty of the Artist. A Note on Legal Maxims and Renaissance Theories of Art". In: Meiss, Millard (editor). *De Artibus Opuscula XL. Essays in Honor of Erwin Panofsky.* New York: New York University Press, 1961: 267-279.

 

Kantorowicz, Ernst Hartwig.
*The King's Two Bodies: A Study in Mediaeval Political Theology*. Princeton: Princeton University Press, 1997 (1957ª).

Kemp, Martin.
"Art History: Sight and Salvation". *Nature*, 479 (2011): 174-175.

Kemp, Martin.
*Leonardo da Vinci. The Marvellous Works of Nature and Man*. Oxford: Oxford University Press, 2007.

Kemp, Martin. "Form *Mimesis* to *Fantasia*: The Quattrocento Vocabulary of Creation, Inspiration and Genius in the Visual Arts". *Viator. Medieval and Renaissance Studies*, VIII. 1977: 347-398.

Kérenyi, Karl.
*Die Geburt der Helena samt humanistischen Schriften aus den Jahren 1943–45*. Zürich: Rhein-Verlag, 1945.

Klein, Robert.
*La forme et l'intelligible: Écrits sur la Renaissance et l'art moderne*. Edición y presentación de André Chastel. Paris: Gallimard, 1970.

Klein, Robert.
"Études sur la perspective à la Renaissance, 1956-1963". *Bibliothèque d'Humanisme et Renaissance*. Tomo 25, n° 3, 1963: 577-587.

Knibb, Michael Anthony – Ullendorf, Edward (editores).
*The Ethiopic Book of Enoch: A New Edition in the Light of the Aramaic Dead Sea Fragments. Volume 1: Text and Apparatus. Volume 2: Introduction, Translation and Commentary*. Oxford: Oxford University Press, 1979.

Koep. L.
"*Divus*". In: *Reallexikon für Antike und Christentum*, III, 1957: cols. 1251-1257.

Koep, L. – Herrmann, A.
"*Consecratio*". In: *Reallexikon für Antike und Christentum*, III, 1957: cols. 269-294.

Koselleck, Reinhart.
"Krise". In: Brunner, Otto – Conze, Werner – Koselleck, Reinhart (editores). *Geschichtliche Grundbegriffe. Historisches Lexicon zur politisch-sozialen Sprache in Deutchland*. Volumen III. Stuttgart: Klett-Cotta, 1992: 617-650.

Kottje, Raymund.
"Die handschriftliche Überlieferung der Bibelkommrnentare des Hrabanus Maurus". In: Depreux, Philippe – Lebecq, Stéphane – Perrin, Michel – Szerwiniack, Olivier. *Raban Maur et son temps*. Turnhout: Brepols 2010: 259-274.

Koyré. Alexandre.
"Léonard de Vinci 500 ans après". In: *Id. Études d'histoire de la pensée scientifique*. Paris: Gallimard, 1973: 99-116.

Lacan, Jacques.
*La Troisième*. Paris: Navarin Éditeur, 2021.

Lacan, Jacques.
*Le Séminaire. Live IV: la relation d'objet 1956-1957*. Edición establecida por Jacques-Alain Miller. Paris: Éditions du Seuil, 1994.

Laurenza, Domenico.
*"De Figura Umana". Fisiognomica, anatomia e arte in Leonardo*. Firenze: Leo S. Olschki, 2001.

Leonardo da Vinci.
*Cuadernos de arte, literatura y ciencia*. Traducción, notas e introducción de José Emilio Burucúa y Nicolás Kwiatkowski. 2 volúmenes. Buenos Aires: Ediciones Colihue, 2011. [en el libro se utiliza la sigla B-K para referirse a este volumen].

Leonardo da Vinci.
*The Notebooks*. Edición de Irma Richter. Oxford: Oxford University Press, 1992.

Leonardo da Vinci.
*Scritti letterari*. Edición de Augusto Marinoni. Milano: Rizzoli, 1980.

Leonardo da Vinci.
*The Literary Works of Leonardo da Vinci compiled and edited forms the original manuscripts*. Edición de Jean-Paul Richter. 2 volúmenes. New York: Dover, 1970.

Leonardo Da Vinci. *Trattato della pittura*. Edición de Angelo Borzelli. 2 volúmenes. Lanciano: Carabba, 1947.

Leonardo da Vinci.
*Les Carnets*. Edición de Edward MacCurdy y prefacio de Paul Valéry. 2 volúmenes. Paris: Gallimard, 1942.

Lucrecio.
*De rerum natura*. Edición latina y traducción de Valentí Fiol, Barcelona: Acantilado, 2012.

Ludueña Romandini, Fabián.
*Filosofía Primera. Tratado de ucronía post-metafísica. La comunidad de los espectros V*. Buenos Aires: Miño y Dávila Editores, 2020.

 FABIÁN LUDUEÑA ROMANDINI

Ludueña Romandini, Fabián.
*Homo oeconomicus. Marsilio Ficino, la teología y los misterios paganos.* Buenos Aires: Miño y Dávila Editores, 2006.

Ludueña Romandini, Fabián.
"Leonardo Da Vinci y la *ascesis* del sabio renacentista". In: Burucúa, José Emilio. *Corderos y Elefantes. La sacralidad y la risa en la modernidad clásica –siglos XV a XVII–.* Buenos Aires: Miño y Dávila Editores, 2001: 567-579.

Lugones, Leopoldo.
*Elogio de Leonardo.* San José de Costa Rica: Ediciones El Convivio, 1925.

Mâle, Émile.
*L'art religieux de la fin du moyen âge en France. Étude sur l'iconographie du moyen âge et sur ses sources d'inspiration.* Paris: Armand Colin, 1908.

Márcos Pérez, José María. "La pasión del cisne. El mito de Leda y Zeus en sus fuentes y sus recreaciones". *Minerva* 14, 2000: 203-231.

Marin, Louis.
*Pascal et Port-Royal.* Edición de Alan Cantillon, Daniel Arasse, Giovanni Careri, Danièle Cohn, Pierre-Antoine Fabre y Françoise Marin, Paris: Presses Universitaires de France, 1997.

Marin, Louis.
*Des pouvoirs de l'image. Gloses.* Paris: Éditions du Seuil, 1993.

Marinoni, Augusto.
*La matematica di Leonardo Da Vinci. Una nuova immagine dell'artista scienziato.* Milano: Arcadia Edizioni, 1982.

Maya Sánchez, Antonio.
*Vitas sanctorum patrum Emeretensium.* Edición crítica de Antonio Maya. Corpus Christianorum CXVI. Brepols: Turnhoult, 1992.

Metzger, Bruce.
*The Canon of the New Testament. Its Origin, Development and Significance.* Oxford: Clarendon Press, 1987.

Miller, Jacques-Alain.
"Lacan y la Cosa japonesa, observaciones y preguntas". *Lacaniana* 24, 2018: 21-35.

Moczulska, Krystyna.
"Najpiekniejsza Gallerani i najdoskolalsza Gallen w portrecie namalowanym przez Leonarda da Vinci (*The Most Graceful and the Most Exquisite gallée in the Portrait of Leonardo da Vinci*)". *Folia Historiae Artium*, 1, 1995: 55-76 (Polaco), 77-86 (inglés).

Nestle – Aland.
*Novum Testamentum graece. Textum graecum post Eberhard et Erwin Nestle editione vicesima septima revisa communiter ediderunt Barbara et Kurt Aland, Johannes Karavidopoulos, Carlo M. Martini, Bruce Metzger.* Stuttgart: Deutsche Bibelgesellschaft, 2006.

Nicolás de Cusa.
*De visione Dei.* In: *Id. Opera omnia iussu et auctoritate Academiae Litterarum Heidelbergensis ad codicum fidem edita.* Volumen VI. Edición de A. D. Riemann. Hamburgi: in aedibus Felicis Meiner, 2000.

Nietzsche, Friedrich.
*Jenseits von Gut und Böse. Vorspiel einer Philosophie der Zukunft.* In: *Id. Sämtliche Werke. Kritische Studienausgabe.* Edición de Giorgio Colli y Mazzino Montinari. Band 5. Berlin – New York: Walter de Gruyter, 1988.

Nixon, Virginia.
*Mary's Mother. Saint Anne in Late Medieval Europe.* Pennsylvania: The Pennsylvania State University Press, 2005.

Ockham, Guillermo de.
*Octo quaestionum decisiones super potestatem Summi Pontificis.* In: Goldast, Melchior (editor). *Monarchia S. Romani Imperii.* Tomus II. Graz: Akademische Druck- und Verlagsanstalt, 1960: 314-391.

Oppel, Herbert.
*Kanon. Zur Bedeutungsgeschichte des Wortes uns seinen lateinischen Entsprechungen (regula – norma).* Leipzig: Philologus Supplementband xxx, Heft 4, 1937.

Ost, Hans.
*Das Leonardo-Porträt in der Kgl. Bibliothek Turin und andere Fälschungen des Giuseppe Bossi.* Berlin: Mann, 1980.

Paleotti, Gabriele.
*Discorso intorno alle immagini sacre e profane* (1582). Edición de Stefano Della Torre. Città del Vaticano: Libreria Editrice Vaticana – Cad & Wellness, 2002.

Panofsky, Erwin.
*Renaissance and Renascences in Western Art.* Stockholm: Almqvist & Wiksell, 1965.

Panofsky, Erwin.
*Idea. Ein Beitrag zur Begriffsgeschichte der älteren Kunsttheorie.* Berlin: Bruno Hessling Verlag, 1960.

        FABIÁN LUDUEÑA ROMANDINI

Panofsky, Erwin.
*Gothic Architecture and Scholasticism*. Latrobe, Pennsylvania: The Archabbey Press, 1951.

Panofsky, Erwin.
*Die Perspektive als "symbolische Form"*. In: Saxl, Fritz (editor). *Vorträge der Bibliothek Warburg 1924-1925*. Leipzig – Berlin 1927: 258-330.

Pater, Walter.
*Notes on Leonardo da Vinci*. London: Chapman and Hall, 1869.

Pausanias.
*Description of Greece*. Edición de William Henry James Samuel Johns y Henry Ardene Ormerod. 5 volúmenes. Cambridge, Massachusetts: Harvard University Press, 2000.

Pedretti, Carlo.
*Leonardo da Vinci. L'Angelo incarnato & Salai*. Poggio a Caiano: CB Edizioni, 2009.

Pedretti, Carlo.
"La dama dell'ermellino come allegoria politica". In: Ghibandi, Silvia Rota – Barcia, Franco (editores). *Studi politici in onore di Luigi Firpo: Ricerche sui secoli XIV-XVI*. Milano: Franco Angeli, 1990: 161–181.

Pedretti, Carlo.
*Leonardo architetto*. Milano: Electa, 1978.

Peterson, Erik.
*Offenbarung des Johannes und politisch-theologische Texte*. Edición de Barbara Nichttweiss y Wener Löser. Würzburg: Echter Verlag, 2004.

Píndaro.
*Néméennes*. Edición de Aimé Puech. Paris: Les Belles Lettres, 2003.

Platón.
*Œuvres complètes. Tome IV, 1re partie: Phédon*. Edición de Léon Robin y Paul Vicaire. Paris: Les Belles Lettres, 2002.

Plinio el Viejo.
*Histoire naturelle. Livre VIII. (Des animaux terrestres)*. Edición de Alfred Ernout. Paris: Les Belles Lettres, 2003.

Price, Simon.
*Rituals and Power: The Roman Imperial Cult in Asia Minor*. Cambridge: Cambridge University Press, 1986.

Prósperi, Germán.
*La máquina óptica. Antropología del fantasma y (extra)ontología de la imaginación.*
Buenos Aires: Miño y Dávila Editores, 2019.

Pseudo-Dionisio Areopagita.
*De Coelesti Hierarchia, De Ecclesiastica Hierarchia, De Mystica Theologia, Epistulae.*
In: *Id. Corpus Dionysiacum II.* Edición de Günter Heil y Adolf Martin Ritter.
Berlin – New York: Walter de Gruyter, 1991.

Rábano Mauro.
*De Universo libri vigenti duo.* In: Migne, Jean Jacques. *Patrologia Latina.* Volumen
CXI. París: Excudebat Migne: 1844-1855: col. 9-614B.

Ragghianti, Carlo Ludovico.
"Trasmissione di forme (storia del linguaggio)". *Critica d'arte.* Serie 4. Volumen
49, 1984: 90-93.

Raimondi, Sergio.
*Lexikón.* Buenos Aires: Mansalva, 2022.

Rossi, Paolo.
*I filosofi e le macchine (1400-1700).* Milano: Feltrinelli, 2017.

Rouchette, Jean.
*La Renaissance que nous a léguée Vasari.* Paris: Les Belles Lettres, 1959.

Servio.
*Servii grammatici qui feruntur in Vergilii carmina commentarii.* Edición de Georius
Thilo y Hermannus Hagen. 3 volúmenes. Lipsiae: B. G. Teubneri, 1881–1902.

Schlosser, Julius von.
*Die Kunstliteratur. Ein Handbuch zur Quellenkunde der neueren Kunstgeschichte.*
Wien: Kunstverlag Anton Schroll & Co., 1924.

Schmidt, Johann Michael.
*Die jüdische Apokalyptik. Die Geschichte ihrer Erforschung von den Anfängen bis
zu den Textfunden von Qumran.* Neukirchen-Vluyn: Neukirchner Verlag, 1969.

Schmitt, Carl.
*Theorie des Partisanen. Zwischenbemerkung zum Begriff des Politischen.* Berlin:
Duncker & Humblot, 2017.

Schmitt, Carl.
*Der Leviathan in der Staatslehre des Thomas Hobbes. Sinn und Fehlschlag eines
politischen Symbols.* Köln: Hohenheim Verlag, 1982.

 FABIÁN LUDUEÑA ROMANDINI

Schubring, Paul.
*Die Kunst der Hochrenaissance in Italien*. Berlin: Propyläen Verlag, 1926.

Schweitzer, Albert.
*J.S. Bach*. 2 volúmenes. New York: The Macmillan Company, 1955.

Sloterdijk, Peter.
*Sphären II. Makrosphärologie: Globen*. Frankfurt am Main: Suhrkamp Verlag, 1998.

Smith, Christopher.
"The Structure of the *Book of Revelation* in the Light of Apocalyptic Literary Conventions". *New Testament* (36), 1994: 373-393.

Solmi, Edmondo.
*Leonardo (1452-1519)*. Firenze: G. Barbèra Editore, 1900.

Souriau, Étienne.
*Le sens artistique des animaux*. Paris: Hachette, 1965.

Spitzer, Leo.
"Idealistische Neuphilologie". In: Klemperer, Victor – Lerch, Eugen. *Festschrift für Karl Vossler*. Heidelberg: C. Winter 1922: 107-119.

Sverlij, Mariana.
*Simulación, arquitectura y ciudad. Máscaras, edificios y ruinas en las obras de Leon Battista Alberti y Francesco Colonna*. Buenos Aires: Miño y Dávila Editores, 2022.

Symonds, John Addington.
*Renaissance in Italy. The Fine Arts*. London: John Murray, 1914.

Tácito.
*Annales. Tome I: Livres I-III*. Edición de Pierre Wuilleumier. Paris: Les Belles Lettres, 2013.

Taubes, Jacob.
*Escatología occidental*. Traducción de Carola Pivetta. Edición a cargo de Fabián Ludueña Romandini. Buenos Aires: Miño y Dávila Editores, 2010.

Timpler, Clemens.
*Metaphysicae systema methodicum*. Steinfurti: Excudebat Theophil Caesar, 1604.

Tomás de Aquino.
*Sancti Thomas Aquinatis Opera omnia iussu impensaque Leonis XIII P. M. edita, t. 4-5: Pars prima Summae theologiae*. Roma: Ex Typographia Polyglotta S. C. de Propaganda Fide, 1888-1889.

Troilo, Emilio.
*Ricostruzione e interpretazione del pensiero filosofico di Leonardo Da Vinci*. Venezia: Istituto Veneto di Scienze, Lettere ed Arti, 1954.

Troyos, Enrique (traductor y editor).
*Una Cosmogonía Sufí del Siglo XIV. El "Maratib Al Wuyud" de Abdul Karim Al Yili*. Buenos Aires: Ediciones del Camino, 2021.

Valéry, Paul.
"Léonard et les philosophes". *Commerce*, n° 18, hiver 1928: 153-205.

Vanutelli, Primo.
*Protoevangelium Jacobi synoptice*. Roma: Synoptica, 1940-49.

Vasallo, Ángel.
*Retablo de la Filosofía Moderna. Figuras y fervores*. Buenos Aires: Facultad de Filosofía y Letras, Departamento de Filosofía, Universidad de Buenos Aires, 1968.

Vasari, Giorgio.
*Le vite de' più eccellenti architetti, pittori, et scultori italiani, da Cimabue insano a' tempi nostri. Nell'edizione per i tipi di Lorenzo Torrentino, Firenze, 1550*. Edición de Luciano Bellosi y Aldo Rossi. Torino: Einaudi, 1986: 548-561.

Vergnolle, Eliane.
"La colonne à l'époque romane. Réminiscences et nouveautés". *Cahiers de civilisation médiévale*. Número 162, abril-junio 1998: 141-174.

Villata, Edoardo.
*Leonardo Da Vinci. I documenti e le testimonianze contemporanee*. Milano: Ente Raccolta Vinciana, 1999.

Vitae, Françoise – Pedretti, Carlo – Chastel, André.
*Leonardo da Vinci. Die Gewandstudien*. München – Paris – London: Schirmer Mosel Verlag, 1989.

Voltaire, François Marie Arouet.
*Examen important de Milord Bolingbroke*. In: *Id. Œuvres complètes*. Volumen 25. Texto establecido por Louis Moland, Paris: Garnier, 1886: 195-305.

Voragine, Jacques de.
*La Légende dorée*, Edición de Alain Boureau. Paris: Gallimard, "Bibliothèque de la Pléiade", 2004.

     FABIÁN LUDUEÑA ROMANDINI

Warburg, Aby.
*Gesammelte Schriften. Die Erneuerung der heidnischen Antike. Kulturwissenchaftliche Beiträge zur Geschichte der europäische Renaissance.* 2 volúmenes. Edición de Gertrud Bing. Leipzig – Berlin: B. G. Teubner, 1932.

Weil, Simone.
*Cahiers (juillet 1942 – juillet 1943). La connaissance surnaturelle (Cahiers de New York et de Londres).* In: *Id. Oeuvres complètes.* Tomo VI, volumen IV. Edición de Marie-Annette Fourneyron – Florence de Lussy – Jean Riaud. Paris: Gallimard, 2006.

White, Michael.
*Leonardo. The First Scientist.* New York: St. Martin's Press, 2000.

Will, Ernest.
*Le Relief Cultuel Gréco-Romain. Contribution a l'Histoire de l'Art de l'Empire Romain.* Paris: E. de Boccard, 1955.

Wittgenstein, Ludwig.
*Philosophische Untersuchungen / Philosophical Investigations.* Edición de G.E.M. Anscombe – R. Rhees. Oxford: Basil Blackwell, 1978.

Wittgenstein, Ludwig.
*Bemerkungen über die Farben.* Edición de G. E. M. Anscombe. Berkeley – Los Angeles: University of California Press, 1977.

Yeats, William Butler.
*The Collected Poems of W. B. Yeats.* London: Wordsworth Poetry Library, 2008.

Zolla, Elemire.
*The Androgyne. Fusion of the sexes.* London: Thames & Hudson, 1981.

Zöllner, Frank – Nathan, Johannes. *Leonardo da Vinci. Sämtliche Gemälde und Zeichnungen.* Köln: Taschen, 2016.

Zubov, Vasilii Pavlovich.
*Leonardo da Vinci.* Massachusetts: Harvard University Press, 1968.

Zumthor, Paul.
*La mesure du monde. Représentation de l'espace au Moyen Âge.* Paris: Éditions du Seuil, 1993.

# Agradecimientos

Héctor Ciocchini escribió, ya en los años '60 del siglo pasado, que desde el punto de vista de la Universidad global actual "toda empresa que no se proyecta inmediatamente como resultado está destinada al fracaso y a la ironía de la burla". Resulta particularmente cierta esta realidad para quienes trabajamos en Latinoamérica donde los esfuerzos son siempre de mucha mayor cuantía. El autor de este libro, que sabe de su fracaso por anticipado, ha llevado adelante una investigación que, por su propia naturaleza, resulta especialmente onerosa y difícil: las fuentes y los libros son inhallables y, cuando se los encuentra, es necesario adquirirlos a precios exorbitantes propios de todo lo relacionado con el mundo del arte y su historia o bien trasladarse como un peregrino por diversas bibliotecas del mundo. Si, a pesar de este panorama, esta pesquisa ha logrado llegar a la forma escrita ha sido debido al mecenazgo privado extranjero de un selecto grupo de personas que han deseado permanecer en el anonimato, pero a quienes el autor les debe la hechura misma de este libro que hoy, querido lector, tienes en tus manos.

En un contexto semejante, cabe resaltar el inmarcesible apoyo, intelectual y económico, del Programa Sur del Ministerio de Relaciones Internacionales y Culto de la República Argentina a cuyos jurados de los respectivos concursos deseo dejar muestras de mi gratitud así como también al personal especializado de la Cancillería argentina que ha cumplido su labor con una admirable vocación.

Pocos serán los nombres en los agradecimientos de índole personal puesto que deseo incluir en ellos a quienes han contribuido efectivamente a la escritura de este libro en el 2023, año IV de la Gran Pandemia, durante meses estivales marcados por una comprometida enfermedad del autor quien, según pasa el tiempo, no hace más que ahondar en la soledad y en un exilio interior que se revelan ya como un horizonte. En la Argentina, han sido insoslayables las presencias de Rafael Arce, Juan Cruz Aponiuk, Fernando Beresñak, Hernán Borisonik, Rodrigo Ottonello y Turquesa Topper. Desde Brasil, Alexandre Nodari, Leonardo D'Avila Oliveira, Marina Moros, Julian Alexander Brzozowski y el afecto humano de Fernando Scheibe han transmitido todo el sustento espiritual e intelectual de un país que constituye mi segundo hogar. Platón señaló en su tiempo una verdad que sigue siendo idéntica en el nuestro, esto es, que no hay nada más común que el nombre de amigo, pero nada más raro que la cosa misma. Este punto ha sido ilustrado ejemplarmente por Alexandre Magno Pimenta, un amigo sin cuyo auxilio y sostén en momentos difíciles de la vida, este libro no habría podido ser escrito. Raul Antelo de la *Universidade Federal de Santa Catarina*, es uno de los maestros que quedan en este mundo donde ya casi no los hay y cuya presencia me enseña, cada vez con mayor exigencia, lo que significa el rigor intelectual asociado a la creatividad especulativa.

Elsa Dávila me ha socorrido siempre en los momentos adversos, me ha dado la palabra justa en las ocasiones en que el espíritu lo necesitaba. Ahora, también ha sido una personificación de perseverancia en la escritura permitiéndome descubrir un nuevo mundo literario que, asimismo, es un ejemplo señero. Gerardo Miño debe ser sindicado, como no puede ser de otro modo, como el co-creador de este libro pues, sin su exquisito arte del diseño,

     FABIÁN LUDUEÑA ROMANDINI

sin sus sugerencias y su apoyo, tanto intelectual como ético, sería imposible concebir la escritura de un libro de este porte. Emanuele Coccia, desde la *École des Hautes Études en Sciences Sociales* de París es continuamente una presencia imprescindible para la continuación del pensamiento y para entender el significado de la amistad en los momentos en que esta realmente se torna necesaria en la vida concreta, más allá de las abstracciones al uso. Javier y Paloma Pérez Romero han sido de una ayuda inestimable con la bibliografía que es la causa material de la escritura de este libro. Como en otras oportunidades, deben ser evocados los amigos del mundo entero que, sin conocernos en su abrumadora mayoría de modo físico, me han dado ánimo y estimulado intelectualmente para la realización de este libro desde su constante presencia a través de las plataformas de Instagram y Facebook.

Este libro, como todos los anteriores que he escrito, no habría visto la luz sin el imprescindible sostén humano e intelectual de Isaúl Ferreira Olivera.

# Índice de nombres

FABIÁN LUDUEÑA ROMANDINI

Venus, 160
Vergnolle, E., 122, 123
Vernant, J-P., 14
Verrocchio, A. del, 49, 249
Vezzosi, A., 118
Villata, E., 47
Vitae, F., 67
Vitrubio, 122
Voltaire, 197, 198
Voragine, J. de, 187

Warburg, A., 15, 67, 69, 82, 121, 126,
127, 160, 208
Weil, S., 196
White, M., 27
Will, E., 175
Wittgenstein, L., 47, 96, 97

Yeats, W. B., 159, 161

Zeus, 157, 158, 159, 160, 161, 162,
163, 164, 165
Zolla, E., 148
Zubov, V., 115
Zumthor, P., 123

...nardo dicomenico p̄ños    ꝺcccl   G   f
...enço dibartolo orafo p̄ño ...lnuogo   ꝺccccxxxvi   G   f
...hiacopo com mercaio jp̄s    ꝺccccxxiii   G   f
...nardo didomenicho ꝟo· rachanela   ꝺ...xxxviiij   G   f
...renço diacopo chellini· g anbruogo   ꝛiiijxxvij   G   f
...apino· dimichele barbiere· p̄ ŝ khita   ꝺccccxxviii   G   f
Lorenço dipucc̊· dipintore    Ꝩalxlj   G   f
+ Lorenço· dipiero dipintore  ...andrea   Ꝺccc·xlvij   G   f
+ LORENO DIPIERO· ACVGA· DIPINTORE    G   f
+ LIONARDO· D S· PIERO· DAVVINCI· DIPINTORE    G   f
LVCA· DI FVOSINO· DILVCA    G   f
Lorenzo dandrea dipin...    G   f
+ Lorenzo digiovanni ... dipintore 1542    G   f
Lorenzo dmastro defangiminignano dip 152    G   f
+ Lorenzo d ... rossgi barbiere 1542    G   f
...sandro disidoro delfrancobaio dipintore 152    G   f
Lorenzo dibartolomeo Marignelly ff schule    G   f

# Nota tipográfica

« LIONARDO D S PIERO DA VINCI PINTORE ».

Con esta inscripción figura registrado, en el llamado Libro Rojo de la Guilda de San Lucas –corporación de artistas de Florencia–, la pertenencia de Leonardo al gremio de pintores, tras haber sido incorporado como aprendiz en el taller de Verrocchio en 1469.

Ese mismo año, en la ciudad de Venecia, Nicolaus Jenson establecía su propia fundidora, luego de haber aprendido en Maguncia, durante tres veranos, el oficio de impresor en los talleres de Johannes Gutenberg. Las formas tipográficas que engalanan estas páginas son fruto de aquellos años. Al igual que su maestro, Jenson se mantuvo apegado a las formas caligráficas en muchos de los rasgos de sus moldes. Lo reconocemos, por ejemplo, en el ángulo oblicuo del eje de los signos, que nos recuerda la inclinación natural de la escritura de los amanuenses, así como también ciertas ligaduras y remates en basas y ascendentes que remiten a la forma de concluir el trazo con una pluma que, al elevarse, genera interrupciones abruptas, notorio en especial en la utilización de la novedosa invención veneciana de variante tipográfica conocida como itálica (obsérvese, por ejemplo la gracia en las descendentes de la *g*, o el remate de la *e'*).

Sus familias tipográficas no fueron, a diferencia del maestro maguntino, de modalidades góticas sino romanas, y serán germen e inspiración de todos los fundidores que le sucedieron, marcando un hito en la historia del diseño tipográfico.

Pero, en cambio, sí conservó el diseño de página áureo que su maestro había utilizado en los primeros incunables, y que aquí retomamos. Cuando, en 1470, Jenson realizó su impresión de la obra de Eusebio, *De Praeparatione Evangelica*, utilizó la misma composición estructural de la *Biblia de 42 líneas* de Gutenberg... tan bella como incomprensible. ¿Cuál era la lógica matemática que sustentaba sus espaciados y amplios márgenes y su relación de bloque de texto de doble página? La respuesta a ese interrogante permaneció oculta por generaciones, y no fue sino hasta el siglo XX, en que un tipógrafo rosarino, Raúl Rosarivo, logrará descifrar el enigma: dividiendo la página en 9 secciones horizontales y otras 9 verticales se conforman 81 rectángulos compositivos que mantienen la proporcionalidad 2:3. Gutenberg y Jenson habían utilizado 36 de estos bloques para diseñar, a doble columna, un canon ternario perfecto, en el que se cumplían las cuatro reglas compositivas básicas: una diagonal de la caja de texto que coincidía con la diagonal de la página propia y el vértice superior de la otra con el ángulo inferior de la página opuesta; la altura de la caja era igual a la anchura de la página; el margen exterior era el doble del margen interior y el margen superior era la mitad del margen inferior.

En 1499 Leonardo visitó Venecia por primera vez, al ser contratado para diseñar una serie de sistemas defensivos. Tan prendado quedó de esta metrópoli, que al año siguiente fundó su propio taller en la ciudad. No hay registros históricos que indiquen un encuentro entre Da Vinci y Jenson. Sin embargo, podemos tener certeza que ambos han estado al tanto y admirado sus respectivos trabajos y logros. Este libro pretende transformase, entonces, en otra forma de encuentro de estas maravillosas lumbreras.

Gerardo Miño

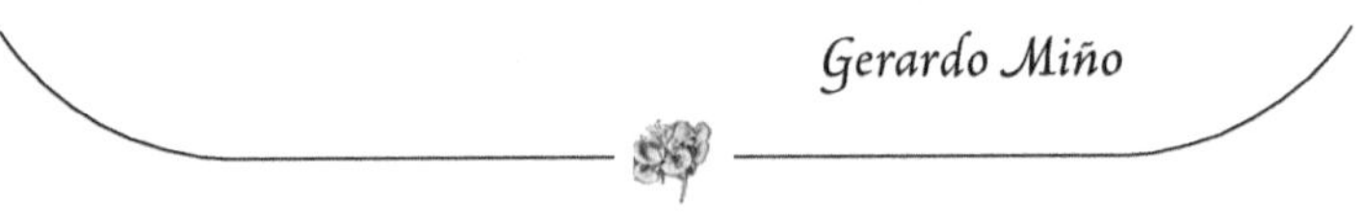

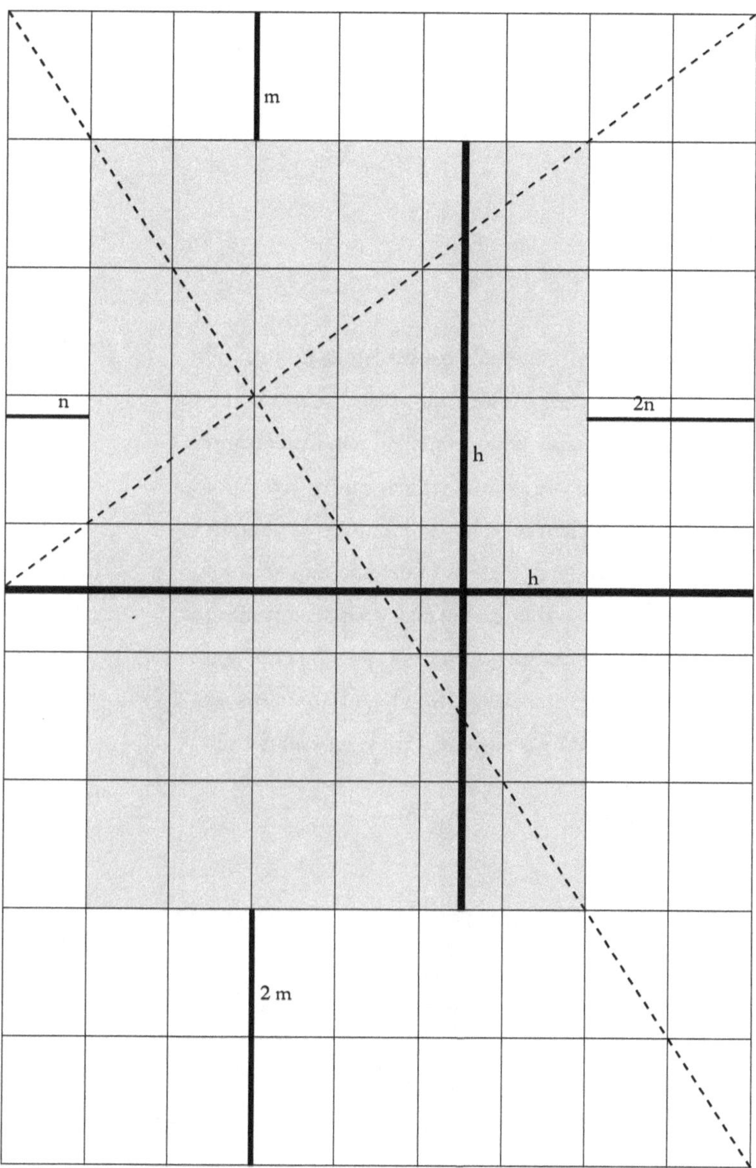

m
2n
n
h
h
2 m

"El dibujo es de tal excelencia, que no sólo busca la obra de la naturaleza, sino que va mucho más allá de lo que hace la naturaleza: ordena al estatuario terminar con ciencia sus simulacros, reina sobre todas las artes manuales, bien que ellas son numerosas, le enseña la perfección, y, para concluir, es más una deidad que una ciencia, pero una deidad en toda la extensión de la palabra, puesto que realiza en obra evidente el más sublime de los ideales,"

Leonardo